邓小平

在江西日子里的思考

DENG XIAOPING
ZAI JIANGXI RIZI LI DE
SIKAO

小平小道陈列馆 编
刘金田 李菁 刘贵军 著

江西高校出版社
JIANGXI UNIVERSITIES AND COLLEGES PRESS

编委会主任

万利平

编委会副主任

熊 伟

编 委

孟 欣　李清辉　任 梦
程 兰　鄢杰一　高慧娟

总 策 划

南昌市小平小道陈列馆

策 划

唐文正

写在前面的话

40多年前，在邓小平倡导下，以中共十一届三中全会为标志，中国开启了改革开放伟大征程。习近平总书记指出："如果没有邓小平同志指导我们党作出改革开放的历史性决策，我们国家要取得今天的发展成就是不可想象的……中国发展的实践证明，当年邓小平同志指导我们党作出改革开放的决策是英明的、正确的，邓小平同志不愧为中国改革开放的总设计师，不愧为中国特色社会主义道路的开创者。"[1]不忘初心，方得始终。在中华民族正愈加接近伟大民族复兴的时候，我们不应忘记南昌市郊40多年前邓小平踩出的那条坚实的"小平小道"，改革从这里走来，由此延伸出中国改革开放的大道。在新时代改革开放开启新征程的时候，邓小平领导和推进改革开放体现出的精神品质、人格力量、思想方法、宝贵经验等，值得进一步总结和借鉴。

本书以邓小平与改革开放的开启为主线，从"小平小道"到1984年"小平您好"，分为策源、前奏、试验、准备、开局、定向、新局七章，展现中国的改革开放是怎样一步步走来的，回望当年邓小平是以什么样的精神和谋略来推进改革开放的。让我们从中得到激励，受到启发，在以习近平同志为核心的党中央坚强领导下，向着"两个一百年"奋斗目标和中华民族伟大复兴的中国梦砥砺前行，把改革开放和中国特色社会主义事业继续推向前进。

---

[1] 中共中央文献研究室.习近平关于全面深化改革论述摘编[M].北京：中央文献出版社，2014.2页

目 录

第一章 策源——"小平小道"

第一节 邓小平"很不理解"的"文化大革命"开始了 …………… 004

第二节 邓小平的第二"落" …………………………………………… 011

第三节 下放江西劳动 …………………………………………………… 018

第四节 "小平小道" ……………………………………………………… 024

第二章 前奏——不同寻常的复出

第一节 1972年，邓小平的政治生命开始复苏 ………………… 042

第二节 井冈山调研 ……………………………………………………… 050

第三节 赣南调研 ………………………………………………………… 055

第四节 再次走到中国政治舞台的中心 …………………………… 065

第三章 试验——1975年整顿

第一节 重点整顿 ………………………………………………………… 082

第二节 全面整顿 ………………………………………………………… 091

第三节 对外交流的新变化 …………………………………………… 099

第四节 提出"三项指示为纲" ················· 107

第四章 准备——各方面的拨乱反正
第一节 历史再次选择了邓小平 ················· 120
第二节 恢复高考成为拨乱反正的突破口 ············ 126
第三节 支持和领导真理标准讨论 ················ 134
第四节 北方谈话初步回答"什么是社会主义" ········· 141
第五节 "我懂得什么是现代化了" ················ 148

第五章 开局——转折与新路
第一节 一份见证大转折的讲话提纲 ··············· 161
第二节 邓小平、陈云主导新时期的经济调整 ·········· 169
第三节 提出"中国式的现代化"和"小康"目标 ········ 176
第四节 支持农村改革 ······················ 184
第五节 推动企业改革的起步 ··················· 193
第六节 经济特区成为对外开放的窗口 ·············· 201

第六章 定向——改革开放的原则和保证
第一节 坚持四项基本原则 ···················· 214
第二节 第二个历史决议 ····················· 221
第三节 提出新时期军队建设的总目标 ·············· 228
第四节 开启政治体制改革 ···················· 237
第五节 提出中国特色社会主义 ················· 244

第七章 新局——改革开放的全面推开

第一节 以城市为中心的全面改革 ………………………… 258

第二节 对外开放新格局 …………………………………… 266

第三节 提出"一国两制"伟大构想 ………………………… 274

第四节 对"什么是中国特色社会主义"的回答 …………… 282

第五节 "小平您好" ………………………………………… 289

第一章 策源——「小平小道」

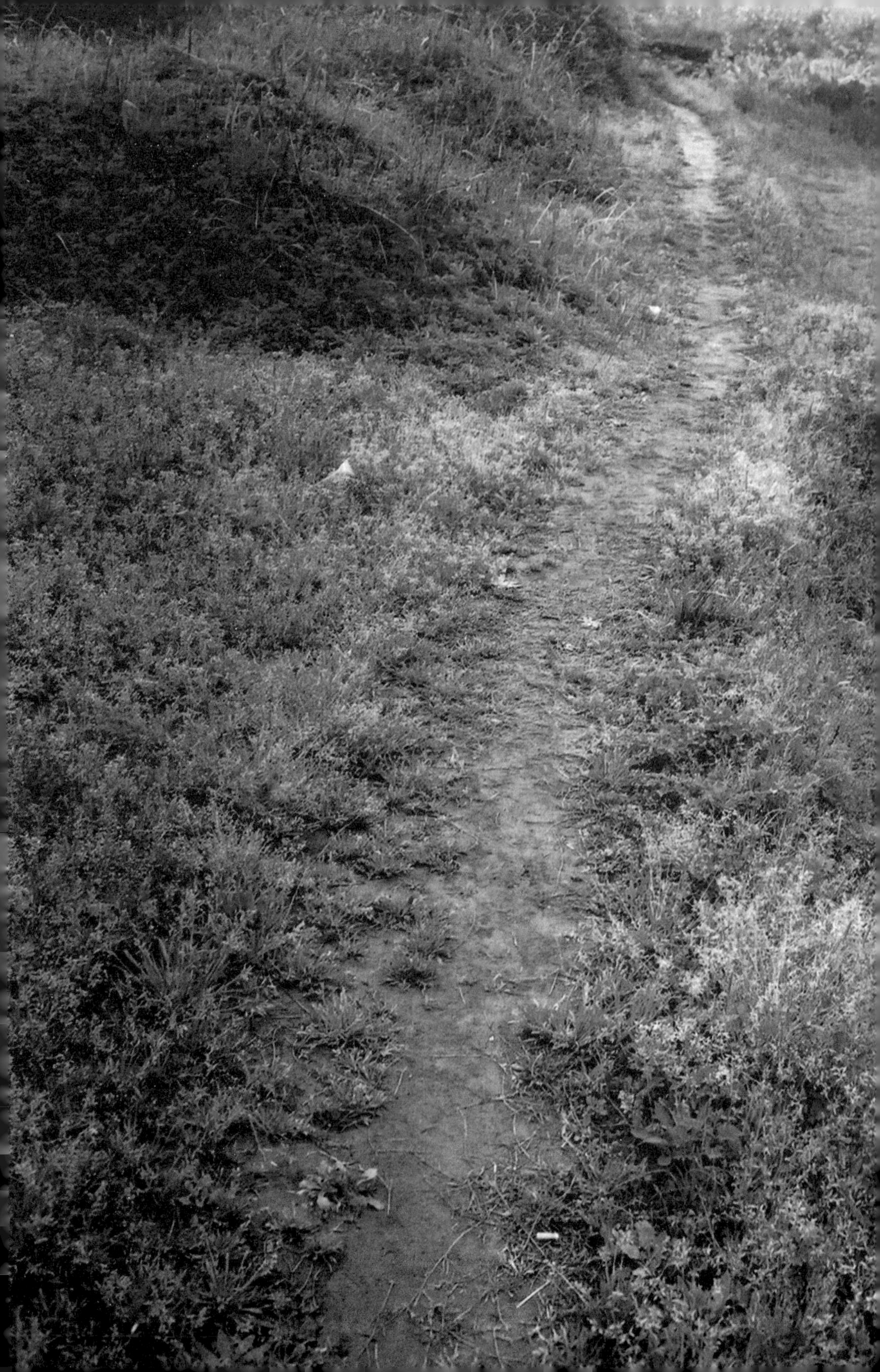

1985年4月15日，新华社报道了中共中央顾问委员会主任邓小平会见非洲国家坦桑尼亚副总统姆维尼时的谈话。姆维尼在1973年作为坦桑尼亚卫生部部长来中国访问时，邓小平曾同他会面。1985年4月15日这一天两人再次相见，互致问候。

　　邓小平对姆维尼说："上一次你是1973年秋天来中国的，我那年2月从江西回到北京。'文化大革命'把许多老干部打倒了，关进了牛棚，我也在江西待了几年。"姆维尼说："那次访问的情况至今记忆犹新。我们这次来想多看看，多听听，因为中国的改革特别引人注目，你是这场改革的设计师。"

　　邓小平笑着说："改革是大家的主意，人民的要求。"他接着回顾了新中国经历的曲折道路——"现在尽管出现了一些问题，我们心里是踏实的。如果说农村改革三年成功，城市改革经过三年五载也能判断成败。我们相信会成功的。……总之，现在我们干的是中国几千年来从未干过的事。这场改革不仅影响中国，而且会影响世界。"

　　1986年12月14日，邓小平在人民大会堂会见了贝宁总统马蒂厄·克雷库。邓小平对客人说："中国当前最大的政策是改革和开放。我们所做的工作可以概括为一句话：要发展自己。"

克雷库说，中国正在进行新的长征，非洲人民密切关注着这个新长征。邓小平强调，搞改革开放就是中国的实际，也是中国要做的事情。邓小平说："坚信我们的改革是能够成功的。坚信社会主义制度优于资本主义制度。当然，这要靠我们自己去奋斗。"

克雷库 1976 年 7 月曾访问过中国，那时正值"文化大革命"中邓小平再次被打倒期间。

谈到"文化大革命"，邓小平说："'文化大革命'中我被打倒两次，这种经历并不都是坏事，使我有机会冷静地总结经验。因为有了那段经历，我们才有可能提出现行的一系列政策，特别是怎样建设社会主义的问题。"

邓小平的话体现了他的一贯风格，简明扼要，既坦率又质朴。然而，在这简短话语的背后，却是一段沉重的历史。

第一节 邓小平"很不理解"的"文化大革命"开始了

1966 年 5 月 16 日，以中共中央政治局扩大会议通过《中国共产党中央委员会通知》（即《五一六通知》）为标志，"无产阶级文化大革命"开始了。

邓小平在 1956 年 9 月党的八届一中全会上当选为中共中央政治局常委、中共中央总书记，成为以毛泽东为核心的党的第一代中央领导集体的重要成员。自 1956 年筹备召开党的八大开始，中共领导人对社会主义建设道路进行了艰辛的探索。在担任总书记的 10 年间，邓小平负责党中央大量日常工作，参与了我们党探索社会主义建设道路的整个过程，既经历了成功的喜悦，也历经曲折甚至遭受过严重挫折，在探索中积累了重要经验。

1958 年，"大跃进"运动兴起，经济建设遭受严重挫折，国民经济被迫进行全面调整。到 1962 年，调整取得明显成效，国民经济逐步趋向好转。中共领导人总结"大跃进"的教训，一边继续对国民经济进行调整，一边提出新的发展目标，继续探索社会主义建设道路，主要集中在制订国民经济发展的第三个五年计划、决策和部署三线建设、试办工业托拉斯，以及开展社会主义教育运动等方面。处在党中央一线岗位的邓小平，在这一时期的探索中是非常积极、务实的，为探索适合中国国情的社会主义建设道路，为克服经济困难，提出了许多正确主张，进行了卓有成效的工作。他关于这一时期国民经济调整和发展的基本思路是，坚持以农业为基础、工业服务于农业的方针，着眼于解决人民群众吃穿用问题，制订新的发展计划。

1966 年三四月间，邓小平与李富春、薄一波率国务院部分部委领导干部在西北视察三线建设工作。他一路兴致勃勃，面对经济已经摆脱严重困难局面、正在恢复发展的形势，他的心情是愉快的。三线建设的许多军工企业大都地处偏远山区和戈壁，邓小平每到一地，都强调要搞好绿化，要植树造林，办农场，种粮食，改善环境，提高广大职工和各民族人民群众的生活水平。

4 月 3 日，邓小平视察延安，在宝塔山下受到老区人民的热情欢迎。而这时的北京，已经是"山雨欲来风满楼"。邓小平尽管对此前党

1956年9月，邓小平在中共八大上做《关于修改党的章程的报告》

内高层相继发生的几起事件有不同意见和看法，但他并没有意识到一场席卷全国的灾难性政治风暴即将来临。4月4日，当他接到电话通知返回北京时，一场大规模的政治动乱已经不可避免地摆在了他的面前。

实际上，1965年末以来发生的几起事件，已是"文化大革命"的前奏。

1965年11月，党外人士、北京市副市长吴晗因写《海瑞罢官》剧受批判。姚文元发表的《评新编历史剧〈海瑞罢官〉》一文把剧中的"退田""平冤狱"的情节同1961年所谓"单干风"、彭德怀"翻案风"联系起来，说该剧"要拆掉人民公社的台，恢复地主富农的罪恶统治"，

007 / 第一章 策源——"小平小道"

1966年3月，邓小平视察陕西西飞公司

1966年4月，邓小平视察延安

要代表国内外敌人的利益,"同无产阶级专政对抗,为地主富农抱不平,为他们'翻案',使他们再上台执政。"邓小平同吴晗很熟,常在一起打桥牌。对该剧的情况,他是清楚的,因而很不赞同批判吴晗。当彭真向他反映吴晗对批判《海瑞罢官》有心理压力时,他说:"马连良演的那个海瑞的戏我看过,没什么错误嘛。有些人总想踩着别人的肩膀往上爬,对别人一知半解,抓着一点辫子就批半天,好自己出名,我最看不起这种人。你告诉教授,没有什么了不起,我们照样打牌嘛。政治和学术一定要分开,混淆在一起是最危险的,会堵塞言路。"

邓小平的态度很清楚,他主张学术问题与政治问题一定要分开,反对混淆学术与政治界限的做法。他仍照样和吴晗一起打桥牌。看到吴晗情绪较低落,他说:"教授,别这么长吁短叹,凡事都要乐观。怕什么,天还能掉下来吗?我今年61岁了,从我参加革命到现在,经历了那么多的风浪都熬过来了。我的经验无非两条,第一不怕,第二乐观,向远看,向前看,一切都好办了。有我们给你往前顶,你可以放心了吧!"这时,他根本没有料到,《海瑞罢官》的事情会成为引起一场政治大风暴的导火线,他还准备替吴晗"往前顶"。12月下旬,《海瑞罢官》的问题被升级为"配合'右倾'机会主义向党进攻"的高度。对《海瑞罢官》的批判,很快波及史学界、文艺界、哲学界及整个思想文化界。

1965年12月,中央书记处书记、国务院副总理、解放军总参谋长罗瑞卿开始受到批判。12月8日,批判罗瑞卿的中央政治局常委扩大会在上海召开,与会者在会前并不知道会议内容。邓小平其时正在西南,是接到电话通知后才赶到上海的,更不知道会议的内容。对此,他后来说："拿我来说，直到上海也摸不清是什么问题，确实是这样。"在会上，林彪、叶群、吴法宪、李作鹏等搞突然袭击，罗织罪名，诬陷罗瑞卿"反对突出政治""极端仇视毛泽东思想""篡军反党"，并捏造事实说罗瑞卿曾授意刘亚楼逼林彪"让位"。

在1965年至1966年之交的全军政治工作会议上，林彪指使一些人向中央提出继续开会批判罗瑞卿。中共中央指定邓小平、彭真、叶剑英组成中央工作小组，组织召开讨论"罗瑞卿问题"的会议。1966年3月4日至4月8日，中央工作小组召开讨论"罗瑞卿问题"的会议。3月4日上午，邓小平主持第一天的开幕会，他就会议的开法和指导思想提了三条：实事求是，治病救人，准许革命。作为会议的主持人之一，他只主持了开幕会，没再参加会议，不久就去外地视察工作了。邓小平后来在他撰写的《我的自述》中说，自己"对这个斗争是不积极、不热情的"，"实际上是在开脱罗瑞卿"。

对罗瑞卿的批判还没有结束，对时任中共中央政治局委员、中央书记处书记、北京市委书记彭真的批判又开始了。为防止因对《海瑞罢官》的批判造成整个思想文化界的事态恶化，彭真曾主持召开"文化革命"小组扩大会，提出要把这场讨论置于党中央的领导下，要降温，要真正做到"百花齐放、百家争鸣"，最后形成《关于当前学术讨论的汇报提纲》（后称《二月提纲》）。1966年4月8日，邓小平在西北的视察还没有结束，康生打电话来，叫邓小平即刻返回北京。回到北京，邓小平才知道，彭真又出了问题。4月9日、11日、12日，中央书记处连续几天召开会议，听康生传达毛泽东在3月底的几次谈话。谈话的主要内容是，严厉批评彭真主持起草的《二月提纲》混淆阶级界限，不分是非，是完全错误的。根据这个精神，会议对彭真进行了批评。会上，彭真做了检讨，邓小平等也做了检查。会议还决定，以中央名义起草一个通知，撤销这个提纲，并成立一个以陈伯达为首的"文化革命"文件起草小组。紧接着，邓小平飞赴杭州，参加毛泽东主持召开的政治局常委扩大会。这次会议再次严厉地批评彭真和中共北京市委。毛泽东尖锐地说："我不相信只是吴晗的问题。这是触及灵魂的斗争，意识形态的，触及的很广泛，朝里有人。"[1] 可见，毛泽东已经把问题看得非常严重了，并开始把批评的矛头更明确地指向中央领导层。

邓小平意想不到的是，对党政军高级干部的揭发批判这才刚刚开始。5月4日至5月26日，中共中央政治局扩大会议在北京召开，讨论并处理彭真、罗瑞卿、陆定一、杨尚昆的问题，通过了《五一六通知》。此前，在批判《海瑞罢官》的问题上，中央宣传部被指责为"阎王殿"，中宣部部长陆定一则被指责为立场和观点"同彭真完全一致"。杨尚昆是中共中央书记处候补书记，因被指责"同罗瑞卿等人的关系极不正常"等，而被加上"反党"的严重罪名。

彭真、罗瑞卿、陆定一、杨尚昆四人中，有三人是中央书记处书记，一人是中央书记处候补书记。同时打倒中央书记处的四个成员，这就使主持中央书记处工作的邓小平处在了非常被动和窘迫的地位。面对这样的困境，5月25日邓小平做了发言，着重检讨书记处的工作，承担责任。除此，他还坦承自己对"文化大革命""很不理解，很

---

[1] 中共中央文献研究室.毛泽东年谱 1949-1976 第 5 卷 [M].北京：中央文献出版社，2013.12

不认真，很不得力"，认为自己对毛泽东的指示贯彻不力，表示要加强学习，跟上形势，保持晚节。他说："只要不搞个人野心，不搞个人主义，不打自己的旗帜，我看总可以跌倒了爬起来，慢慢地跟上。"这反映了他真实的心理。虽然对于"文化大革命"的一些提法和做法，他内心很不理解，行动上也很被动，但他还是同党内许多人一样，希望通过这场运动解决工作中存在的种种问题，去除一些消极因素，维护党的纯洁性。对于"文化大革命"本身的破坏性和必然引起的全面内乱及灾难性后果，此时他认识得并不清楚。

局势在继续发展。6月1日，《人民日报》头版头条发表社论《横扫一切牛鬼蛇神》。当晚，新华社根据毛泽东的批示，由中央人民广播电台向全国广播了之前康生报送给毛泽东的聂元梓等人的大字报。6月2日，《人民日报》全文转载聂元梓等人的大字报，同时发表评论员文章《欢呼北大的一张大字报》和社论《触及人们灵魂的大革命》。评论员文章中称北京大学"是'三家村'黑帮的一个重要据点，是他们反党反社会主义的顽固堡垒"，号召群众起来摧毁"黑帮""黑组织"。之后，《人民日报》又连续发表一系列社论，煽动舆论。"文化大革命"的火被点燃了，北京各高校一下子贴出上千张大字报。一场惊心动魄、席卷全国的政治风暴骤然来临了。

第二节 邓小平的第二"落"

邓小平对"文化大革命"缺乏思想准备，他更没有料到的是，自己在这场"革命"开始后不久便被打倒了。这是他政治生涯中第二次遭受错误打击。

"文化大革命"初期，为了控制住局面，使运动有领导、有秩序地进行，刘少奇、周恩来、邓小平等研究决定采取措施。6月3日，在刘少奇、邓小平的主持下，中央政治局常委扩大会议拟定向大、中学校布置的八条规定，并同意北京市委的意见向北京市一些大、中学校派出工作组，统一领导各校的"文化革命"。刘少奇、邓小平根据以往经验，用派驻工作组的办法，力图把运动置于党组织的领导之下，通过党组织来加强对混乱局面的控制和领导；希望通过八条规定把"文化大革命"限定在一定范围内，在有秩序、可控制的范围内平稳地进行，尽可能减小对党和国家正常工作的冲击和破坏。邓小平在接见工作组成员时说："工作组要教育、帮助学生提高水平。""斗争要讲道理，批判要做好准备，事实要核对清楚，要充分讲道理。""材料不够，不要轻易开斗争会。不要搞变相肉刑，戴高帽子也不好。""政治问题要用政治方法解决。（党的）总支中总有些好的嘛，校长、副校长总有些好的嘛。把党都搞垮了怎么行？把团搞垮了怎么行？如运动把共产党、共青团都打倒，是胜利了吗？总是共产党领导的无产阶级专政国家嘛。教师大多数是好的，说老师都坏，我不同意。"但是，刘少奇、邓小平的政治生涯却由此发生逆转。

7月中旬，在外地半年多的毛泽东回到北京。他对"文化大革命"的情况很不满意，认为是工作组压制群众造成的。在毛泽东看来，派工作组不仅是工作方式方法上的错误，更是一个严重的方向性、路线性错误。7月26日，中央政治局扩大会议决定撤销工作组。在工作组的问题上，毛泽东公开表态支持中央文革小组，使陈伯达、江青等人受到很大的鼓舞，更加有恃无恐，而刘少奇、邓小平等的处境则因此变得更加艰难和被动。中国政治力量的天平急速倾斜，这对之后"文化大革命"的全面蔓延产生了直接的影响。

8月1日，中共八届十一中全会召开。全会对派工作组进行了严厉的批评。毛泽东将派工作组指责为"实际是站在资产阶级立场上，反对无产阶级革命"[1]。尤其是在全会期间召开的政治局常委扩大会上，毛泽东的话说得非常重，他说："牛鬼蛇神，在座的就有！"令会议气氛十分紧张。8月5日，毛泽东写了《炮打司令部——我的一张大字报》。8月7日，这份大字报作为会议文件印发全会。大字报在党内高层第一次公开了毛泽东与刘少奇、邓小平等在一线主持工作的中央领导人在"文化大革命"问题上的严重分歧。"大字报"主要针对刘少奇，同时也涉及邓小平。这不仅因为邓小平在派工作组的问题上与刘少奇是一致的，而且从"大跃进"以后，邓小平在许多问题上与毛泽东的思路渐渐疏离。后来，毛泽东说过这样的话："他（指邓小平）这个人耳朵聋，听不见，开会坐得离我很远，对我是敬鬼神而远之。""一九五九年起，六年来从来不找我。"这些话反映了一段时间以来邓小平与毛泽东之间在对一些重大问题的认识上有分歧。比如，在纠正"大跃进"和人民公社化运动"左"倾错误之后调整农村生产关系的问题上，邓小平和刘少奇、陈云等赞成和支持包产到户等主张和办法；在开展社会主义教育运动问题上，邓小平明显不赞成毛泽东坚持的社会主义教育运动主要要解决社会主义与资本主义矛盾

---

1 毛泽东在中共八届十一中全会上的插话记录，1996年8月1日

的观点。特别是，在毛泽东发动"文化大革命"的过程中，邓小平表现得"很不积极"，还屡次坚持派工作组"阻碍运动"。

八届十一中全会以后，邓小平实际被停止了工作。在10月召开的中央工作会议上，刘少奇、邓小平再次做了检查。但是，会议对"资产阶级反动路线"的批判不仅没有降温，反而更加猛烈。会上，陈伯达公开点名批评刘少奇、邓小平，指责他们提出了一条"压制群众、打击革命积极分子的错误路线"，是"资产阶级反动路线"的代表人。他的讲话，经毛泽东批准后印发。与中央工作会议上正在进行的批判相呼应的是，在江青、张春桥等中央文革小组成员的煽动下，一些学校和街头开始出现公开点名批判刘少奇、邓小平的大字报。随着对"资产阶级反动路线"的大批判，"文化大革命"的火越烧越旺。1967年初，上海刮起所谓"一月风暴"，各省市自治区进入全面夺权阶段。也就是在这个浪潮中，邓小平在政治上被彻底打倒了。

1967年4月1日，《人民日报》《红旗》杂志发表了戚本禹的署名文章《爱国主义还是卖国主义》，文章主要是批判刘少奇的，同时也不点名地批判邓小平，称他为"党内另一个最大的走资本主义道路的当权派"。这意味着，对刘少奇、邓小平，不仅是批判，而且要打倒；"打倒刘、邓"不仅仅是下面的造反口号了，而且是上面的正式决策。邓小平看到这篇文章后非常震惊。他感到，《人民日报》发表这样的文章，意味着对他的批判已经公开并且大大升级了，他的问题很可能由此"定性"。4月3日，他在写给毛泽东的信中说："主席：从一月十二日（在家中受到中南海造反派围攻批判——编者注）起，我一直再想见见你，向你求教。只是觉得在群众激烈批判我们的反动路线及其恶果的时候，求见主席是否适宜，所以一直忧虑着。近日看了戚本禹同志的文章，觉得我所犯错误的性质，似已确定。在这种情况下，我求见主席，当面聆听教益的心情，是很迫切的。"5月，毛泽东先是让汪东兴向邓小平转达了他的三个意思：第一，要忍，不要着急；第二，刘、邓可以分开；第三，如果有事可以给他写信。此时在武汉的毛泽东，在同周恩来等人谈话中说，明年春天"文化大革命"结束后（这是毛泽东当时的设想），接着召开九大，把老同志都解脱出来，许多老同志都要当代表、当中央委员，并列举了邓小平、彭真、贺龙等人的名字。

虽然毛泽东对邓小平有保护之意，但林彪、江青等人和造反派加紧了"彻底打倒"邓小平的步伐。趁毛泽东去外地期间，7月17日晚，陈伯达、江青、康生等人开始策划"批斗刘、邓、陶夫妇"。18日凌晨，戚本禹召集中南海机关造反派开会，布置成立"批斗刘、邓、陶战斗指挥部"。他还交代："对刘、邓、陶面对面斗争。""这是我们相当时期头等重要的任务。""要使他们威风扫地，要杀气腾腾。""（使他们）可以低头弯腰。"19日，造反派冲入邓小平家抄家。邓小平和夫人卓琳被叫到怀仁堂后边的院子，受到批判。邓小平平时开会基本上不做记录，发言、讲话大都不写讲稿，最多写一个提纲，但凡落笔都在文件上，而处理文件又都是当日事当日毕，办公室不留文件。因此，造反派搜来搜去，也没有找到邓小平的任何"罪证"。29日，中南海的一些造反派以开支部会的名义又一次批斗邓小平，还对邓小平进行体罚折磨，勒令他三天内交出"请罪书"，并宣布限制邓小平夫妇的行动自由。

8月1日，邓小平的秘书和警卫员被调离。此后，邓小平夫妇实际已处于被软禁状态。他在中南海含秀轩住所的院子，成了"造反派"批斗他们夫妇的场所。8月5日凌晨，谢富治、戚本禹同聚集在中南海周围的造反派谈话，对他们的行动表示"最坚决的支持"，并号召大家联合起来把刘、邓、陶批深、批臭，彻底打倒。于是，当天中南海的造反派便分别揪斗了刘少奇夫妇、邓小平夫妇和陶铸夫妇。这以后，邓小平已完全失去行动自由，在中南海的家里被监管。

8月底，邓小平长子邓朴方不堪忍受北京大学"造反派"对他的迫害，奋起抗争，从被关押的楼上跳下，造成第十一、十二胸椎和第一腰椎压缩性骨折。后因救治不力，形成高位截瘫，留下终身残疾。

9月的一天，造反派和中央办公厅的人通知邓小平，让他的子女立即回学校住，继母夏伯根立即回四川老家。经过力争，继母留在了北京，和邓小平的子女一起被安排住在宣武门外的一处简陋房子里。邓小平夫妇则继续留在中南海住宅交代问题，接受批斗。在此后两年多时间中，邓小平夫妇除了接受勒令回答问题外，整天只能扫扫院子，坐在屋里看看书报，听听广播，或者默默静坐，过着一种几乎与世隔绝的生活。他们的工资虽然照发，但钱款由组织"代管"，不能直接拿到手上，要用得一次一次地申请。为了节省开支，两年多中他们没有添置任何衣物。所幸的是，他们的人身没有受到伤害。

1968年10月13日至31日，毛泽东主持召开了扩大的八届十二中全会。这次全会是在党内生活极不正常的情况下召开的。原中共八届中央委员、候补中央委员当中，包括刘少奇、邓小平等在内的半数以上的人因被打倒或受到迫害而被排斥在全会之外，还有很多未"定性"的中央委员会的成员也被剥夺了出席会议的权利。会议通过了由江青、康生、谢富治等直接操纵下凭伪证写成的《关于叛徒、内奸、工贼刘少奇罪行的审查报告》，做出"把刘少奇永远开除出党，撤销其党内外的一切职务，并继续清算刘少奇及其同伙叛党叛国的罪行"的错误决定。会上，印发了邓小平专案组提交的《党内另一个最大的走资本主义道路的当权派邓小平的主要罪行》的报告，做出撤销邓小平党内外一切职务的决定。林彪、江青、康生、谢富治等人在会上提出开除邓小平的党籍，遭到毛泽东的反对。他说："邓小平，大家要开除他，我对这一点还有一点保留。我觉得这个人嘛，总要使他跟刘少奇有点区别，事实上是有些区别的。""我这个人的思想恐怕有点保守，不合你们的口味，替邓小平讲几句好话。"

1969年4月1日到24日，中共九大召开。中共九大，不仅将"文化大革命"的错误理论和实践合法化，还把林彪作为毛泽东的"接班人"写进了党章。九大刚结束，仍处于监管之中的邓小平又给汪东兴写了一封信。他说："九大开过了，不知是否已到处理我的问题的时候。对此，我完全静候党的决定。"他再次表明了出来工作的想法，说："我本人的最大要求是能够留在党内，使我能有机会，以一个普通党员的身份，执行新党章的决定，在我的余年中，努力做好党分配给我的工作，或参加力所能及的劳动……尽力做一点有益于人民的事情，以求补过于万一。"此信经周恩来、陈伯达、康生、江青等传阅后，退回汪东兴处，没有再送毛泽东和林彪。在当时的情况下，还远未到解决邓小平问题的时机。

这之后，邓小平夫妇最感宽慰的是，子女们被允许回中南海家中探望他们。直至这时，邓小平夫妇才从二女儿邓楠口中知道在北大读书的儿子邓朴方伤残的情况。卓琳伤心难忍，哭了几天几夜，邓小平则依旧无言，只是不停地抽烟。作为父亲，他的心情是可想而知的，他默默地承受着"文化大革命"这场灾难给他和他的家庭带来的不幸。邓小平曾经说，他一生中最痛苦的时候是"文化大革命"时期。

在报纸广播连篇累牍的"大批判"中，邓小平的名字变成了"党内第二号走资本主义道路的当权派"。这个"别号"一直被使用到邓小平复出之前。

第三节　下放江西劳动

1969年10月22日，在中央专案组两名工作人员的监护下，邓小平和夫人卓琳及继母夏伯根从北京沙河机场乘伊尔-14型军用专机去江西南昌。邓小平一生多次坐过专机，但这次坐专机却是一次苦涩的经历，准确地说是押送他去江西接受劳动锻炼再教育。

邓小平的人生轨迹与江西这块红土地曾几次交汇。从1931年进入中央苏区，到1934年随主力红军长征，邓小平在江西战斗、生活了4年时间。1933年初，曾在江西中央苏区担任瑞金县委书记、会昌中心县委书记等重要职务的邓小平，因为支持毛泽东的正确主张，反对王明"左"倾错误路线，被打成"毛派"头头，受到撤销职务和党内"最后严重警告"处分，被下派到一个村里监管劳动。其时，他年仅29岁。当邓小平摆脱困境，被委任红军总政治部秘书长的职务后，他提出想多做一些实际的工作。于是，总政治部分配他到下属的宣传部当干事，除做一般的宣传工作外，还具体负责主编《红星》报。说是主编，其实他手下只有几个人，很长时间内只有两个人。但他凭着敏锐的政治头脑、简练而准确的文字功夫，很快便把报纸办得红红火火。

对自己的这段经历，邓小平后来这样说："人们都说我是'两落两起'，实际上我是'三落三起'。我在二十几岁的时候担负着重要的工作，在党中央当秘书长，还领导了广西百色起义。那时红军的队伍很少。在江西根据地，王明路线夺了毛主席对红军、对苏区的领导权，还反对什么'邓毛谢古'路线。我算一个头头，叫'毛派头头'。这件事一般人不大知道。"没想到，30多年后，邓小平重游故地时，又是他人生和事业"落"的时候。

1969年之所以安排邓小平下放江西，其背后的事情是这样的。进入20世纪60年代后，中苏关系不仅未能得到改善，反而进一步恶化。从1968年起，两国边境武装冲突事件显著增加。1969年2月，苏联宣布远东边防军进入一级战备状态。3月，苏联军队入侵乌苏里江主航道中国一侧的珍宝岛，造成严重流血事件。3月15日，在听取珍宝岛战况汇报后，毛泽东提出要对来自苏联的军事威胁作出必要的布置。他说："大敌当前，动员准备一下有利。"随后，针对苏联的可能入侵，他又进一步发出了"要准备打仗"的号召。据此，中共九大明确提出："我们要作好充分准备，准备他们大打，准备他们早打。准备他们打常规战争，也准备他们打核大战。"此后，全国范围内开始了全面的备战工作。6月和8月，新疆裕民县的塔斯提地区和铁列克提地区又因苏军入侵发生中苏武装冲突。与此同时，苏联还向美国试探对中国核设施发动"外科手术"式突然袭击的可能性。在这种形势下，中国的国家安全面临着严峻的军事威胁。10月14日，根据毛泽东的提议，中共中央发出紧急疏散通知，要求10月20日以前，在京的老同志全部战备疏散。毛泽东嘱咐"把打仗的人都派在铁路旁边，找起来容易，打起仗的时候我让来他们就来了，最好"，因此，此后被疏散的老同志大多数被安排在铁路沿线及其附近地方。10月17日，周恩来和中共中央政治局成员分批会见在京的老同志，向他们传达党中央关于战备疏散的通知。疏散人员中，也包括受审查的党政军原重要领导人，周恩来对此做了具体安排。

邓小平也在疏散之列。

向邓小平传达疏散通知的是汪东兴。据汪东兴回忆：在他通知邓小平前，毛泽东曾把他找去，专门吩咐他去看看邓小平。汪东兴询问："你有什么指示要我去传达？"毛泽东说："没有，就让你去关心他一下。"看到汪东兴来，邓小平敏感地问道："是你自己要来，还是有任务要来？"汪东兴回答是主席关心他，让来看看他。并告诉他，由于战备需要，中央决定将一些老同志疏散到外地，他们夫妇被安排到江西，去了之后还准备安排去工厂劳动锻炼。听到这样的安排，邓小平马上答应了，并对汪东兴说："我最难受的是'刘邓路线'。你是主席派来看我的，我有两个要求能不能提？第一个，能不能把'刘邓路线'去掉；第二个，我还想做点工作。"他还问汪东兴，继母年迈无人照顾，能否带她一起去，到江西以后，能否继续给汪东兴写信。汪东兴都表示同意，并且答应邓小平从江西回来后还可以住在原处。

随后，汪东兴将邓小平的两个要求向毛泽东作了汇报。毛泽东表示，你可以赶快回去告诉他，"刘邓路线"可以分开，去江西先锻炼一下。汪东兴又将毛泽东的意见向邓小平作了通报。临行前能得到毛泽东的关心，知道毛泽东对自己的态度，这使邓小平心里安定了许多。想到能够脱离被监管的处境，还能够到工厂里参加劳动，他也很高兴，便和夫人卓琳开始加紧收拾行装，准备出发。

10月18日，周恩来亲自打电话给江西省革命委员会，通知他们，中央决定陈云、王震等到江西"去蹲蹲点，适当参加劳动，向群众学习"；同时，请他们妥善安置邓小平及其家属，在生活上要给予照顾，并要求江西提出意见报中央办公厅定。周恩来还强调，"这些人下去，要多帮助，要有人照护。"他很具体地说："邓小平夫妇二人也要到你们那去。""主席在九大上不是说过吗，邓小平的问题和别人不同。他下去是先到农村锻炼下。当然这些人也不能当全劳力了，也是60多岁了，身体也不太好。下去一段再上来。收房费也适当照顾点。""具体到什么地方去？什么时候去？请黄先同志（时任江西省革命委员会副主任）给汪东兴同志打个电话再定下。"

10月19日夜，江西省革命委员会回复说，打算将邓小平夫妇安置在赣州。得知这一安排后，周恩来认为"赣州远了一点，在照顾，在管理，在其他方面都不方便"，并提出：应安排南昌市郊为宜，并住两层楼房，独家独院。根据周恩来的这一指示，江西省革命委员会又重新调整方案，最后决定请北京来人看看再定。因为不知江西之行要多久才能返回，邓小平夫妇想在临行前见见儿女们。经过批准，在河北宣化下乡劳动的长女邓林赶回家中，帮助父母收拾行装。卓琳还获准去医院看望了正在接受治疗的长子邓朴方。在被监管两年多之后，在踏上遥远的行程之前，能见一见子女，这对他们是一种弥足珍贵的慰藉。

临行前一日，邓小平给中央办公厅主任汪东兴写信说："我保证在自己的余年中，努力在工作和力所能及的劳动中，好好地学习毛泽东思想，向工农兵学习，好好地用毛泽东思想改造自己的世界观，从头做起，从新做人。"对于中央对他的安排，他没有任何要求，唯独着意请示中央，让他带去了几大箱的书。

10月22日，邓小平夫妇和继母乘专机飞往江西。担负护送任务的专案组人员抵达南昌后，到江西方面原拟定的几个地方看了看，感觉都不行。最后，他们到了位于南昌市郊新建县（现为南昌市新建区，后同）望城岗的原福州军区南昌步兵学校。这里有一座步兵学校原校长居住过的两层小楼，称作"将军楼"。"文化大革命"期间，步兵学校停办，人去楼空。离步兵学校不远处是新建县拖拉机修造厂。这个厂原来是拖拉机站，专门修理拖拉机，后来改成修造厂，有职工百余人。专案组的人详细查看了"将军楼"的情况，又询问了拖拉机修造厂开展"文化大革命"的情况，很满意这个地方。经请示中央办公厅同意后，他们决定把邓小平安置在这里。

实际上，邓小平还处在监管中。专案组的人在回京后的报告中提到对邓小平的监管工作时说："由省革委会管，派炮团一个班十二人监管，单住一小楼上，下住一个干事和一战士管他。"当然，在当时的情况下，这种监管实际上也是一种保卫。邓小平后来说："我的职务是撤掉了，但在毛主席的保护下还保留了党籍。""我也是得到主席和总理保护才活下来了。送我去外地一个小地方，也是一种保护。不然，可能连命也保不住了。"

选定地点后，江西省革命委员会有关负责人还亲自对拖拉机修造厂负责人罗朋布置任务：邓小平要下放到江西，就安排在你们厂劳动。你要做好保卫工作，不能出一点问题。出了事，唯你是问。外面的人不准接触邓小平，有情况打电话给省革命委员会保卫部。邓小平的问题还未定性，不要称同志，也不要叫邓小平，就叫"老邓"。江西省革命委员会还派了一名叫黄文华的干事专门负责邓小平的监管和保卫工作。

不知是历史的巧合还是上天的眷顾，拖拉机修造厂的负责人罗朋，正好是邓小平二野的老部下，解放战争时期罗朋曾在原晋冀鲁豫根据地工作过，当年经常听邓小平讲话，对邓小平非常尊敬。不想几十年后，邓小平竟来到他的厂里下放劳动。他后来回忆说："这是我根本没有想到也不可能想的事，太突然了。我很激动，那天晚上一宿都不能入睡。这一生中面临的事很多，但恐怕不会再比这件事更重大了。我想了很多，回想起20多年前在太行山区第一次见到邓小平的情景，他那铿锵有力的川腔仿佛还在耳际萦绕。人间沧桑，没想到干革命几十年，自己昔日的老领导今日竟成了'党内第二号走资派'。千头万绪，不管怎么说，我只想尽力去做，最重要的是把邓小平保护好。"

罗朋在厂里做了周密的布置，成立党员保卫小组，安排可靠的工人负责邓小平夫妇的安全保卫工作，还将"打倒刘邓"一类的标语全部清洗掉，并专门腾出一间房子供邓小平劳动休息时用。罗朋对工人们说："邓小平到厂里来劳动之前，要把环境搞好，劳动的时候要给他一个好印象。""一定要很好地保护好邓小平，特别是他的安全问题。"罗朋还在供邓小平休息的房间里安置了一张床和几个凳子，并对他说：

"你今后多到这里休息一下，能劳动多少就劳动多少。我就住在你对面，有什么事情直接找我。"邓小平问罗朋厂里有没有红卫兵，他回答说："没有，都是老工人。"邓小平点了点头。

应该说，邓小平是幸运的。江西为他提供了较为安静宽松的外部环境，让他得以摆脱"文化大革命"的政治乱局。后来的事实证明，这是邓小平生命安全的重要保证。他的住所被安排在一个军事驻地，这样就避免了受到造反派的冲击，工作地点则安排在附近的新建县拖拉机修造厂。新建县政府也严格规定任何组织、个人不准干扰邓小平工作，拖拉机修造厂清理了"大字报""标语"，还把闹得最凶的造反派迁出了工厂。工厂负责人品行正直，敢作敢为，在自己能力范围之内给了邓小平最好的关照。正如一位老同志所说："特殊时期，江西军民保护了小平同志，让他得以充分了解中国国情，得以从容地去思考问题。江西既是中国革命和建设的源头，更是福地。"

专案组将邓小平安顿好之后，问邓小平还有什么要求。邓小平说："我同意中央对我的安排。我到江西来了，但我还会出来工作的，我还能为党工作十年。"可以看出，他对前途是乐观的。他后来也说："我能在被打倒后的极其困难的情况下坚持下来，没有什么秘诀，因为我是共产主义者，乐观，也是一个乐观主义者。"

第四节 "小平小道"

从1969年11月9日起，邓小平和卓琳每天上午去拖拉机修造厂参加劳动。就这样，他开始了两年多的下放劳动生活。

起先，邓小平被分配在工厂的修理车间，主要从事拖拉机零部件的修理工作。据工友涂宗礼回忆："小平同志一到我们这个地方来，就分在我们这个修理小组。""每天就是搞拖拉机的修理，搞了三个多月时间。小平同志每天上班都是这样问的：'涂师傅，我今天干什么？'我讲，'你还是跟昨天一样，洗拖拉机配件。'每天分配这样的工作，我心里过意不去，那个活很脏，整天跟柴油、汽油打交道，我心里很难过。""干了三个月以后，我就请示陶排长，我讲是不是搞一点干净的活给他做，他的手皮肤过敏，有红点点了。"

像当时不少工厂一样，拖拉机修造厂也是按照部队的连、排编制进行管理，车间主任通常被称为排长。因此，修理车间的负责人陶端缙也被工人们称为"陶排长"。陶排长知道这个情况后，就为邓小平搞了一台钳桌，安排他做劳动量较小的钳工，锉螺丝和拖拉机斗的挂钩。巧的是，半个世纪前在法国勤工俭学时，邓小平在雷诺汽车厂做过钳工。因此，他可以说是"重操旧业"，钳工活做得很熟练。开始的时候，工厂的工人们也是以好奇的心理来观察邓小平的。在劳动中，邓小平很尊重普通的工人师傅，平易近人，同他们交了朋友。大家对他更是尊敬，都不把他当"犯错误"的人看。

在工厂劳动，对邓小平来说，这是在经历长期与世隔绝后得到的一个与外界、与社会、与群众接触的机会。邓小平干活不仅技术熟练，而且非常认真，一丝不苟。南昌的夏天很闷热，邓小平身着长衣长衫干活，很容易出汗，衣服常常为汗水浸透。卓琳劝他干一会儿坐下来休息一下，他说："不是不坐。一坐下来，我就站不起来了。"邓小平的言谈举止、劳动态度及为人，深深感动了工友们。当时的车间负责

原江西省新建县拖拉机修造厂。从 1969 年 11 月起，邓小平和卓琳在这里劳动了三年多

拖拉机修造厂的小侧门。邓小平夫妇每天去工厂，都是从这个小门进出

027 / 第一章 策源——"小平小道"

这个院子被当地人称为"将军楼"。从1969年10月起,邓小平在这里度过了三年多的谪居生活

邓小平与家人在将军楼前合影

人陶端缙后来这样回忆:"平时他又不麻烦大家,又不需要大家照顾什么。""我们全厂的工人,特别是我们这个车间直接接触(他)的工人,觉得这位伟人这样拼命地工作,非常感动。""他是四川口音。一进门就是'同志们好'。每天下班的时候'同志们,明天见'。三年多,天天如此,都是这样子。大家觉得非常亲切。作为一个领导,没有一点官架子,对哪个都一样,都那么热情,大家非常尊敬他。"

在劳动期间,邓小平夫妇和工人师傅们建立起了深厚的感情。在工厂劳动改造的三年中,工人们在力所能及的情况下给予他们很多关心和爱护。有一天,邓小平在工厂劳动时突然昏倒,工人们连忙抢救,按照卓琳介绍的方法,冲了一大茶缸白糖水喂到邓小平口中,使他转危为安,然后又用拖拉机把他送回住地。"老邓""老卓"与工人们之间建立起了朴实、真诚的友谊。

从住地到工厂,邓小平夫妇走大路要近一个小时,而且要走公路,中间还要经过一个长途汽车站,容易引人注意,既劳累也不安全。罗朋和工人们商量后,特意在工厂后墙开了个口子,装上门,便于邓小平和夫人卓琳上下班时从这里通过。经年累月,邓小平夫妇竟然在这一片田野里踏出了一条小路。这是一条蜿蜒曲折、长满杂草的田间小道,两旁就是庄稼地。不过,这是一条土路,路不宽也不是很平,晴天走起来还可以,遇到风雨天,地上都是泥泞,路就难走了。有一天,下雨路滑,邓小平不慎摔了一跤。工人们得知这一消息后,主动拿起锄头、铁锹,挑着煤渣,连夜把那段路铲平加宽,铺上煤渣,给修好了。邓小平后来在给中央的信中这样写道:"我们是在新建县(属南昌市,距南昌市区二十余里)县办的一个拖拉机修造厂劳动。这个厂原是县里的拖拉机修理站，现扩大为修理兼制造的厂，全厂八十余人，除劳动外，还参加了两次整党会议和一次大干年终四十天的动员大会。""厂里职工同志对我们很热情,很照顾,我们参加的劳动也不重。"

邓小平夫妇被规定平时不得随便外出，不得与外人接触，也不能同过去的熟人有往来。邓小平上午到工厂劳动，下午在院内的菜园子里收拾，晚上听广播、看书，生活很有规律。在"将军楼"的新家里，卓琳负责扫地、擦桌、洗衣等轻活，继母夏伯根负责做饭。邓小平算是"壮劳力"，劈柴、砸煤、拖地板等重活都是他负责。遇到天气热自来水上不了楼的时候，他还负责把水从楼下往楼上提。而且，卓琳身体不好，时常犯高血压，有时得卧床，邓小平除常要给她端饭送水外，还要承担家里衣服、被子、床单等的浆洗。

从1970年1月起，邓小平夫妇的工资停发，而改发生活费。生活费每月205元，要维持全家八九口人的生活。这时，长女邓林还没有分配工作，长子邓朴方还在医院接受治疗，家里必须负担他们的生活费和医疗费。另外几个孩子都在贫瘠的农村地区插队，经济上也难以完全自理。除去负担孩子们的开支，留给三位老人的，只有不多的一点钱了。在经济上，他们十分拮据。2月9日，邓小平给汪东兴写了一封信，如实地反映了上述困难。但他在信中还是说："党既做了这样统一的规定，我们没有理由提出额外的请求。""新的生活总会习惯的。"三位老人只能节俭度日。为减少开支，他们自己种菜，而且平常主要以素食为主。卓琳后来这样回忆："'文化大革命'的时候，在江西，一个月只给我们200块钱，也就是200块钱的生活费。老爷子说，我们要节约一点，节约一点钱，给孩子们当路费。因为孩子们都被分配到四面八方,给孩子们当路费。""他说咱们来种地吧。我们住的那个'将军楼'前面有一块空地,原来也有人种过,后来我们就开了一块地。""他挖地,我就拿个小板凳坐在那里捡石头。捡完石头以后,弄成一亩地的样子。那种菜怎么办呢?总得种点吃的呀!我们就跟老百姓要种子,种茄子、辣椒等一些容易种的东西。浇水呢,他去浇水。"[1]

邓榕也回忆说:"他们很节约,如果没有小孩在,他们肉也不吃。我父亲买最便宜的酒喝,烟也少抽一半,主要就是想节约下一些钱给我和我弟弟插队用。为了给我们攒够每年回家的路费,为了每年回家能给我们买点肉吃,给我们做衣服,他们自己的生活特别节俭,甚至馊了的稀饭也喝。他们种菜是什么目的呢?最重要的目的是补足家用,这样就不用上街去买了。"[2]

在工厂劳动期间,劳动本身锻炼了邓小平的体魄;和工人们的接触,使邓小平更多地了解到人民群众和社会状况;从工人们的关心和爱护中,邓小平得到了最好的精神安慰和支持。到江西后,邓小平夫妇还陆续和子女们取得了联系。分别在陕西延安和山西忻县插队的邓榕、邓质方千里迢迢来看望他们。这是从在中南海被监管以来难得有的团聚,让邓小平感到非常愉快。

较为宽松的环境也让邓小平的身体得到了锻炼和恢复。刚到江西时,邓小平身心疲惫,每晚要服用安眠药才能入睡。后来,生活工作

---

[1] 史令伟.实话实说邓小平[M].北京:中国青年出版社,2011.98页
[2] 史令伟.实话实说邓小平[M].北京:中国青年出版社,2011.98页

趋于稳定，他就开始锻炼身体，坚持用冷水洗头洗脸，每天坚持走路锻炼，饮食也得到较好保障，身体状况得到恢复。罗朋后来回忆说："他到我们厂，开始情绪不太好，后来他觉得这里很安静，不像北京那么乱，心情越来越好，身体越来越好。"[1]邓小平的女儿邓榕也回忆说："来江西一段时间后，活动增加，劳动量增加，父亲一改刚来时的瘦削和憔悴，人胖了一些，精神也好了许多，特别是孩子们回来，心情更是好了很多。从1971年1月1日起，他不吃安眠药了。这么多年的习惯居然能够改掉，对他来说，可真不容易。"[2]健康的身体保证了后来邓小平为党和国家继续工作。

邓小平还从孩子们的书信里，从他们回家探亲带回的信息里，了解到国家的工业、农业和人民群众生产生活的许多实际情况。

1969年12月上旬，在陕西富县插队的小女儿邓榕来南昌探亲。邓小平从邓榕处了解到当时农村的一些情况。当他听说陕北有的县一家人冬天只有一条棉裤和一床棉被时，心情沉重。

1970年1月初，在山西忻县插队的小儿子邓质方来南昌探亲。邓质方和邓榕在家经常谈论有关"文化大革命"以来社会发生的种种混乱状况。当他们说到社会上武斗很厉害，全国的公安、检察院、法院都被砸烂了，有的地方造反派还用上枪和装甲车。特别是谈到铁路部门更是混乱不堪时，邓小平有时沉默，有时沉思。有一次，邓小平在听到孩子们的议论后说："你们知道，你们说的都是一些很坏的议论。"

---

1 史令伟.实话实说邓小平[M].北京:中国青年出版社,2011.98页
2 邓榕.我的父亲邓小平:"文革"岁月[M].北京:生活·读书·新知三联书店,2013.149页

1970年10月17日，邓小平得到通知，大儿子邓朴方将被送来南昌同他们一起生活。当天他致信汪东兴："我们是没有能力照顾他的。更重要的是，我们深切地期望，邓朴方能够治好。""现在病情既有好转，如可继续治疗下去，必能渐见大效。所以，我们恳切地希望他能在现在的医院里继续治疗下去。"汪东兴批转王良恩办。不久，得到通知，送邓朴方来江西一事暂时作罢。

后来邓小平在得知邓朴方已被送往京郊的清河社会救济院，不能继续得到治疗时，于1971年2月3日致信汪东兴。信中说："我上次给你写信，希望邓朴方能够继续治疗，现在既然无法继续治疗，我和卓琳再三考虑，觉得还是把邓朴方接到我们住地，同我们一块生活较好。我们请求组织上派人把邓朴方送来南昌。"6月，邓朴方被从北京送到南昌。自此，邓小平和家人悉心照看邓朴方，还尽量做到白天不耽误下厂劳动。

1971年春节，二女儿邓楠从陕西汉中到南昌探亲。三个女儿回到家中过年，她们和妈妈一起在小楼前面的桂花树前合影。孩子们都回来了，卓琳和夏伯根格外高兴。1972年11月，邓楠生了一个女儿眠眠。这给初次做外公的邓小平带来了难得的快慰。

1972年，李井泉的3个子女来到邓小平家里做客，对邓小平诉说了自己的父亲如何遭到批斗，母亲如何被迫害，老二如何被毒打致死的经历，邓小平依然沉默无语。

邓榕后来回忆说："在江西，我从农村回到家以后看到爸爸妈妈特别高兴，因为好几年没见了。后来我发现他们对'文化大革命'的事不太了解，因为从1966年'文化大革命'开始，他们就一直被关在家里。而我和弟弟在外插队这么长时间，在社会上独立生活了这么长时间，社会也乱了这么长时间，回到家里把社会上的各种事情和我父母说，我发现母亲用特别惊讶的眼光看着我。后来才知道因为'文化大革命'以后他们一直被关着，对外面的情况不太了解。所以我和弟弟就给他们讲了好多社会上的情况，他们逐渐对社会上的混乱状况，对'文化大革命'的混乱程度有了些具体的印象。"[1]

面对"文化大革命"造成的混乱局面，此时的邓小平什么也不能说，但作为一个为共产主义理想奋斗了几十年的老共产党员，即使身处逆境，他的信念从来没有动摇过。他把自己对中国前途命运的思考和对共产主义的坚定信念，深深地沉淀在心里。

在江西期间，邓小平除了每天上午去工厂劳动，平日午饭后，邓小平都会小睡片刻，然后阅读带来的书，下午和晚上的大部分时间都用来读书。晚上10点上床后，他还会读一个小时的书。这些书中除马列著作和毛泽东著作外，还有历史、文学、戏剧，以及一些回忆录、传记等。如二十四史、《资治通鉴》、《红楼梦》、《三国演义》、《水浒传》、《西游记》、"三言"、"二拍"、《儒林外史》、《镜花缘》、《西厢记》、《牡丹亭》、《桃花扇》、唐诗集、宋词集、元曲集，以及近现代中外作家鲁迅、巴金、老舍和托尔斯泰、果戈理、契诃夫、陀思妥耶夫斯基、巴尔扎克、雨果、罗曼·罗兰、大仲马、莫里哀、萧伯纳、泰戈尔、海明威的作品，等等。这些书籍陪伴邓小平度过了艰难岁月，使他的思想迸发出新的智慧火花，并与他一起迎接春天的到来。

---

[1] 王敏玉.邓小平生平研究资料[M].北京:中共文献出版社,2013.780页

改革开放后,人们把邓小平上下班途中走过的那条小路称为"小平小道"。这条路,如今已经成为到南昌开会、办事、旅游的人们一个必去的"景点"。有人说,改革开放后的很多事都是从这里延伸出来的。

在"将军楼"的院子里,围绕着小楼的四周,有一条小道。邓小平每天上午到工厂劳动,下午读书、种菜或做些其他家务,傍晚,则要沿着这条小路走上几十圈。在家人看来,这也是一条"小平小道"。1984年8月22日,邓榕在父亲邓小平80寿辰时发表在《人民日报》上的回忆文章《在江西的日子里》这样记述:"在江西的这一段时间里,父亲有一个习惯,每天黄昏日落之前,总是十分规律地围着我们那个小小的院子散步。他沉思不语,步伐很快,就这样一圈一圈地走着。日复一日、月复一月、年复一年,那红色的砂石地上,已然被他踏出了一条白色的小路。我时常看着父亲,看着他永远那样认真、永远那样沉静的神情,看着他向前迈出的快速而稳健的步伐。我想,就在这一步一步之中,他的思想、他的信念、他的意志,随着前进的每一步而更加明确,更加坚定起来。这些思想的孕育成熟,是否已为日后更加激烈的斗争做好了最充分的准备呢?"[1]

邓小平看了女儿写给他的生日礼物文章后,写了批语:"看了,写的真实。"后来的历史告诉人们,邓小平身处逆境时的沉思,对结束动乱后中国的变化和发展产生了重大影响。

1979年9月,下野的加拿大前总理特鲁多向邓小平提了一个问

---

[1] 王敏玉.邓小平生平研究资料[M].北京:中央文献出版社,2013.478页

题，他说："我现在下野了，但希望重返政治舞台，你曾经有过这种经历，你的秘诀是什么？"邓小平的回答只有两个字："忍耐。"芬兰前首相索尔萨曾这样说："我们芬兰语中有个特别的词汇：忍耐。含义是拥有崇高的信仰，对为之奋斗的事业充满信心。这个忍耐与信仰便是邓小平的财产。"

许多外国人都曾对邓小平"文化大革命"中的经历提过这样那样的问题。1986年9月，美国哥伦比亚广播公司《60分钟》节目的著名主持人迈克·华莱士采访了邓小平。华莱士问："邓主任刚才谈到'文化大革命'，在那时候您和您的家人遭遇如何？"

邓小平答："那件事，看起来是坏事，但归根到底也是好事，促使人们思考，促使人们认识我们的弊端在哪里。毛主席经常讲要把坏事转化为好事。善于总结'文化大革命'的经验，提出一些改革措施，从政治上、经济上改变我们的面貌，这样坏事就变成了好事。为什么我们能在20世纪70年代末和80年代提出了现行的一系列政策，就是总结了'文化大革命'的经验和教训。"这就是逆境带给邓小平的收获。

从1969年10月至1973年2月在江西三年多的时间里，邓小平阅读了大量的马列著作和古今中外的书籍，接触到了最基层的实际情况，对中国社会主义的命运和前途进行了深入的思考，踩出了一条坚实的"小平小道"。邓小平夫人卓琳说："从'小平小道'延伸出去的，是一条通往国家富强、人民幸福的中国特色社会主义康庄大道。"

事实证明，"小平小道"是中国改革开放的策源地，这里是邓小平蛰伏等待之地、改革开放的思想孕育之地和行动起源之地。邓小平每天往返于这条小路上，乱象丛生、大起大落、跌宕起伏的故事时时都在上演，他观察着，思考着，等待着，用自己坚实而稳健的步伐走出了一条解放思想、实事求是、改革开放的大道。

这里为邓小平提供了一个相对宽松的学习、观察、思考的环境。对他而言，这是政治人生的低谷，但又是蛰伏等待、韬光养晦的三年。他利用这个安静的环境，不断地学习、思考、提高，积极地锻炼身体，为领导改革开放做了充分的智力和体力准备。他得以超脱地观察复杂的政治局势，系统地阅读了马列经典著作，并在学习中加深了对中国国情的认识，坚定了改革开放的信念。

在这条小道上，邓小平一天又一天地走着，对"文化大革命"、社会主义本质、发展生产力、科学技术、国际环境等问题都有了较为深入的思考。这些思考成为改革开放思想的萌芽，为后来的全面整顿及改革开放奠定了思想基础。

在江西三年多的时间里，邓小平广泛接触了革命老区的社会状况，对最基层人民的生活有了更直观的了解，对社会主义本质有着自己的思考和认识，开始有了"贫穷不是社会主义"这一基本观点。有一次，一位工人家长仅仅因为孩子把买来的豆腐摔得稀烂而痛心不已，把孩子狠狠地打骂了一顿，因为那块豆腐是他下了好久决心才买来做"大餐"改善生活的。这件事给邓小平留下了很深的印象。为了使瘫痪在床的邓朴方可以做点简单的修理工作，他曾经试图收集一些工人家里坏掉的收音机，工人们告诉他，"一月只有四五十元收入，生活蛮难的，哪里有钱去买收音机呀"。正如江泽民在邓小平追悼大会上的悼词所说："特别是他在'文化大革命'中的起落，更引起他对'什么是社会主义、怎样建设社会主义'的深刻反思，从而使他在十一届三中全会以后，毅然决然地领导全党全国人民开拓建设有中国特色社会主义的新道路。"

　　有了这三年多的观察、学习、思考，才有了1975年邓小平复出后大刀阔斧地整顿和1978年以后改革开放大胆而强有力的举措。卓琳曾说："通过三年的观察，邓小平更加忧思国家的命运前途。通过三年的思考，他的思想更加明确、思路更加清晰、信念更加坚定。这些，对于他复出不久即领导进行全面整顿，以及在党的十一届三中全会后制定新时期的路线方针政策产生了直接影响。"

第二章 前奏——不同寻常的复出

中央讨论文件

〔1973〕19 号

★

中共中央关于恢复邓小平同志的党的组织生活和国务院副总理的职务的决定（送审稿）

各省、市、自治区党委，各大军区、各省军区、各野战军党委，军委各总部、各军兵种党委，中央和国务院各部委领导小组、党的核心小组：

无产阶级文化大革命中，我们伟大领袖毛主席曾经多次指出，邓小平同志犯了严重的错误，但与刘少奇是有区别的。一九七二年八月十四日，在邓小平同志写给主席的一封信（见附件一）上，毛主席又作了如下的重要批示："请总理阅后，交汪主任印发中央各同志。邓小平同志所

1992年1月18日至2月21日，我国改革开放和现代化建设的总设计师邓小平，一路风尘仆仆，视察了武昌、深圳、珠海、上海等地，发表了著名的南方谈话。1月30日，邓小平视察了深圳、珠海之后乘火车去上海，这一天沿浙赣线从湖南进入江西境内。下午3时40分，列车徐徐进入鹰潭车站，停靠在月台旁边。

88岁高龄的邓小平走下车来，与在这里迎候他的江西省委书记毛致用、省长吴官正等握手并谈话。长途乘车虽然劳顿，但邓小平却毫无倦意。他兴致勃勃地听完汇报后，语重心长地指出："稳定发展我赞成。但是，只要能快一点还是要争取快一点。胆子要更大一点，放得更开一点。不能胆子没有了，雄心壮志也没有了。有机遇能跳还是要跳。"

看到邓小平谈兴甚浓，二女儿邓楠插话说："老人家对江西很有感情，在车上不停地讲到江西。"邓楠的话引起邓小平对峥嵘岁月的回忆。他深情地说："我对江西是有感情的。"邓小平又对毛致用、吴官正说："我在江西待的时间比你们长。当初，我在瑞金当过县委书记，那是几个人推举的。那时的工作，兴国是第一，瑞金是第二。"

是的，邓小平对江西是有感情的。在艰苦卓绝的土地革命战争时期，他在中央苏区工作、生活了四个年头。1969年10月至1973年2月，邓小平因"文化大革命"的冲击而谪居江西，一待又是三年多时间。江西人民也衷心爱戴邓小平。在他蒙冤遭受打击的时候，江西人民时刻惦记着他，以各种方法保护着他，祝福他平安、健康，盼他早日出来工作。1973年2月，当邓小平离开江西赴京时，他是以对党和国家前途命运的深切关注，以对广大人民利益和意愿的深刻了解，以对历史发展规律的正确把握，从江西出发，去复出工作的。

第一节　1972年，邓小平的政治生命开始复苏

在江西的一隅，邓小平在读书、劳动、思考中艰难而又平静地度日。同时，逆境中的邓小平一直在敏锐地关注着中国政治局势的发展和世界政治的风云变幻。

"文化大革命"中的中国政局从未平静过，一波未平，一波又起。1970年8月23日至9月6日，中共九届二中全会在江西庐山召开。会议期间，林彪、陈伯达等人发起突然袭击，鼓吹"天才论"，坚持设国家主席，进行抢班夺权活动。8月31日，毛泽东写下《我的一点意见》一文，揭露陈伯达等人的阴谋活动。会后，在全党范围内开展了批陈整风运动。

9月上旬，邓小平从广播中得知中共九届二中全会召开的消息。9月13日，他致信汪东兴，并请汪东兴转报毛泽东和中共中央，表示拥护九届二中全会公报的各项决议和号召，自己绝不做不利于党和人民的事情。毛泽东阅后，批转林彪、周恩来、康生阅。同一天，他还就自己的劳动、生活情况和子女问题，给汪东兴写了另一封信。信中说："我和卓琳的情形，同过去告诉你的完全一样，每天上午到工厂劳动，下午和晚上读书、学习、看报、听广播，还做些家务劳动。除住

宅和去工厂外，未出院门一步。劳动成了我们最大的一种需要，虽在盛暑，我们也坚持到工厂工作。在自己院内，还种了点蔬菜。我们对外没有别的来往，只同几个小孩通信。"

11月28日，邓小平专案组以贺龙专案组的名义给康生、黄永胜、吴法宪、叶群写报告，要求到有关部门继续调查邓小平的所谓问题。吴法宪将报告批送周恩来和汪东兴。几天后，周恩来批示："东兴同志：这全部是公开文件，请你考虑是否需全部调阅。我记得在下放邓小平、谭震林时，已将两人从专案组撤销。"12月24日，吴法宪的秘书召集邓小平专案组全体人员开会，说："你们送上来的关于邓小平问题的报告和总理对前一个报告的批文，首长们都看了。首长叫给你们说一下，报告不要再送了，邓小平的案子也不要再搞了。材料暂由你们保存，先等着。"至此，邓小平专案组的工作草草结束。

1971年9月13日，历尽劫难的共和国发生了举世震惊的"九一三"事件。"语录不离手，万岁不离口"的"副统帅"林彪逃亡国外，坠机蒙古温都尔汗。这正是中共中央关于林彪集团阴谋发动武装政变败露后叛国出逃自取灭亡事件的文件所传达的消息。当时，这个文件，中央是按照先高层后基层、先党内后党外的规定，逐级传达的。9月18日，中共中央发出关于林彪叛国出逃的通知文件。10月6日，中共中央发出关于林彪集团罪行的材料文件。10月24日，这几个文件的传达范围扩大至全国基层群众。

11月5日，新建县拖拉机修造厂通知邓小平夫妇去厂里听中央文件的传达。邓小平虽然仍保留党籍，但自从"文化大革命"被监管以来，他还是第一次享受这种"政治待遇"。这预示着他的政治处境开始松动了。邓小平和卓琳在会场靠后的地方坐了下来。工厂负责人罗朋找到邓小平夫妇，招呼道："老邓，你耳朵听不清楚，坐到前面来！"听到招呼，邓小平移至第一排坐了下来。在两个半小时的听文件过程中，他神情专注，一言不发。

听了中央文件后，工厂以车间为单位组织讨论，邓小平静静地听着工人们的讨论，没有讲一句话。作为一个经历过长期政治风浪考验的政治家，在听到林彪自我爆炸的消息后，他的内心一定很不平静。直到回到住地以后，他才十分兴奋和激动地说了一句令家人一直难忘的话："林彪不亡，天理不容！"

对于"九一三"事件，邓小平和全国人民一样感到震惊。在工厂听了中央文件后，邓小平又将中央文件借到手中，拿回住地反复阅读了好几遍。他敏锐地感到，随着林彪集团的败亡，历史将会出现重大转折，这对自己的政治命运，也必然产生深刻影响。但是，事情也不会那么简单，老干部复出，阻力依然很大。

邓小平意识到，要实现为党的事业再做奋斗的心愿，就必须主动抓住时机，否则时机就可能错过。同时，作为一个共产党员，他要在大是大非面前和一系列重大原则问题上表明自己的鲜明态度和严正立场。思考了两天，邓小平于11月8日就林彪事件、陈伯达问题提笔给毛泽东写了一封信。这是他被打倒之后第一次直接给毛泽东本人写信。在信中，邓小平表达了对中央决定的拥护："林陈反革命集团这样快地被揭发被解决，真是值得庆幸的大事。如果不是由于主席和中央的英明的领导和及早地察觉，并且及时地加以解决，如果他们的阴谋得逞，正如中央通知所说，即使他们最终也得被革命人民所埋葬，但不知会有多少人头落地，我们社会主义祖国会遭到多少曲折和灾难。现在终于解除了这个危险，我和全国人民一道，是多么的高兴呵！主席，我情不自禁地向您表露我自己这样的心情。"

邓小平在信中报告了自己在江西两年的思想、锻炼、生活情况，明确表示自己想出来工作的愿望。他说："我在主席的关怀下，到江西来整整两年了。这两年，我每天上午到工厂劳动，下午和晚上，看书、看报、听广播和做些家务劳动。除到工厂外，足不出户，与外界是隔绝的。我们的生活，由于组织上的照顾，没有什么困难。我个人没有什么要求，只希望有一天还能为党做点工作，当然是做一点技术性质的工作。我的身体还好，还可以做几年工作再退休。""想做点事，使我有机会能在努力工作中补过于万一。"

毛泽东阅信后在信封上批示："印发政治局。"从事后看，对于"中国第二号走资派"邓小平的政治生命，这是一封很重要的信，给逆境中的邓小平带来了转机。

国难思良将。自从林彪集团露出篡党夺权的野心后，中国政局出现了新的危机。1971年9月10日，在南方视察的毛泽东在同浙江省革命委员会主任南萍等人谈话时谈道："邓小平不同于刘少奇，要有区别。百万雄师过大江，当时有个前委，主要还是邓小平起作用的。"这个时候提起邓小平，表明在林彪出逃前，毛泽东在用人问题上在作新的考虑了。紧接着发生的"九一三"事件对中国的政治形势产生了很大的影响，它在客观上宣告了"文化大革命"理论和实践的失败。毛泽东受到极大的震动和打击，意识到并努力消除"文化大革命"造成的某些消极后果。随着全党"批林"运动的开展，周恩来在毛泽东的支持下，着手解决"文化大革命"中一批遭受错误打击的老干部的平反问题，全国的政治形势开始好转。

1972年1月，毛泽东在参加陈毅追悼会时，肯定受到打击和迫害的陈毅是个好人，是一个好同志，是立了功的。他还特别提到了邓小平，说："邓小平的问题，属于人民内部矛盾。"同时，他还说到了刘伯承。毛泽东这个时候在公开场合提起邓小平，在一旁的周恩来意识到他的用意，当即示意在场的陈毅的亲属，把毛泽东讲邓小平的话传出去，扩大社会影响。

此后，周恩来便为解决邓小平的问题努力做舆论方面的工作。1月24日，在接见出席新疆工作会议的代表时，他当着江青、姚文元等人的面谈到了邓小平。他说，主席讲刘伯承、邓小平同志，这是对我们讲的。毛主席讲邓小平的问题还是人民内部矛盾问题。林彪这伙人就是要把邓小平搞成敌我矛盾，这是不符合主席意思的。在揭批林彪的过程中，一定不能混淆两类不同性质的矛盾。

2月，时任中共江西省委常委的黄知真来到邓小平住处，传达中共中央关于恢复他的党组织生活的通知。邓小平非常敏锐地感到，这是一个实质性的变化，表明了他政治生命的恢复。

邓小平开始积极地争取回北京工作。4月22日，他给汪东兴写信，再一次提出出来工作的请求。他说："我仍然静候主席的指示，使我能再做几年工作。在生活上，我希望能在北方了此余年，这里的夏天，对我们都不太习惯了。"

4月下旬，邓小平女儿邓榕回江西途经北京去看望王震。王震告诉她："毛主席说你爸爸是人民内部矛盾。告诉你爸爸，他的问题一定要解决。我要去找周总理，我也要给毛主席、党中央写信。你爸爸应该出来工作！"邓小平知道后，显得很激动。

中国的政治气候正在发生变化。从1971年底到1972年上半年，随着批林整风运动的深入，周恩来领导的批判极左思潮的斗争全面展开。纠正干部问题上的严重错误倾向，成为批判极左思潮的一个重要方面。4月24日，《人民日报》发表经周恩来审定的社论《惩前毖后，治病救人》指出，要严格区分敌我矛盾和人民内部矛盾这两类不同性质的矛盾，并且说经过长期革命斗争锻炼的老干部是党的宝贵财富。社论发表后，引起强烈反响。其他报刊相继发表文章，阐述党的干部政策，批评"文化大革命"以来将很多老干部打倒或让他们"靠边站"的极端做法。在周恩来的积极努力下，大批被疏散、打倒的老干部陆续返京，重新出来工作，有些还担任了中央和地方的重要领导职务。

到了8月份，中央还明确要求，要抓紧解放和使用老干部，大区书记、中央副部长、省的一二把手的情况，要列表上报中央。同时，还明确了解放老干部的四条原则：结束审查，恢复组织生活，原工资照发，分配工作。虽然出来工作的消息还迟迟没有，但邓小平夫妇在6月份接到通知，他们的工资开始照发。7月31日，陈云、王震、滕代远、陈再道等一批在"文化大革命"中受打击的老干部，出席了国防部为庆祝建军45周年举行的招待会。这对邓小平是一个很大的触动。

8月3日，邓小平在江西新建县拖拉机修造厂和职工们一起第四次听取关于林彪反党集团罪行材料的文件传达。当天，邓小平给毛泽东写了一封长信。在信中，他再一次表达了对粉碎林彪集团的拥护，揭发批判林彪和陈伯达,他说:"过去在两点上我一直是不同意的:一是林彪只强调老三篇,多次说只要老三篇就够用了,我认为毛泽东思想是在一切领域中全面的发展了马克思列宁主义,只讲老三篇,不从一切领域中阐述和运用毛泽东思想,就等于贬低毛泽东思想,把毛泽东思想庸俗化;一是总感觉林彪的提法是把毛泽东思想同马列主义割裂开来,这同样是贬低了毛泽东思想的意义,特别是损害了毛泽东思想在国际共产主义运动和反对国际修正主义运动中的作用,我从阿尔巴尼亚同志的态度中了解到这一点,我是赞成强调毛泽东思想对于马列主义的继承、捍卫和发展作用的。"他拒绝碎片化、片段式地学习毛泽东思想。当地安排在邓小平住地的工作人员要他学习《毛主席语录》,也被碰了软钉子。这表明,他已经在思考如何科学地理解毛泽东思想的问题。

在信中,邓小平再次恳切地表达了为党和人民再做些工作的愿望。他写道:"在去年(1971年)11月我在呈给主席的信中,曾经提出要求工作的请求。我是这样认识的:我在犯错误之后,完全脱离工作,脱离社会接触已经五年多快六年了,我总想有一个机会,从工作中改正自己的错误。""我觉得自己身体还好,虽然已经六十八岁了,还可以做些技术性质的工作(例如调查研究工作),还可以为党、为人民做七八年的工作,以求补过于万一。我没有别的要求,我静候主席和中央的指示。"

这封信经过中共江西省委被送往北京,很快便到了毛泽东的手中,他阅后写了一大段批示,时间是1972年8月14日。毛泽东的批示是这样写的:"请总理阅后,交汪主任印发中央各同志。邓小平同志所犯错误是严重的。但应与刘少奇加以区别。（一）他在中央苏区是挨整的，即邓、毛、谢、古四个罪人之一，是所谓毛派的头子。整他的材料见《两条路线》《六大以来》两书。出面整他的人是张闻天。（二）他没历史问题。即没有投降过敌人。（三）他协助刘伯承同志打仗是得力的，有战功。除此之外，进城以后，也不是一件好事都没有做的，例如率领代表团到莫斯科谈判，他没有屈服于'苏修'（苏联修正主义——编者注）。这些事我过去讲过多次，现在再说一遍。"

从批语中可以清楚地看出，毛泽东之所以对邓小平始终留有余地，是基于他对邓小平的几点基本的评价：一是邓在中央苏区时期坚决拥护和实行毛泽东关于红军反"围剿"作战和根据地建设的正确主张；二是没有历史问题；三是民主革命时期作战有战功；四是新中国建立以后做过好事。促使毛泽东这个时候来解决邓小平问题的另一个重要因素是，邓小平在被打倒之后，始终没有消极应付，而是积极、频繁地用书信的方式保持着与他的联系。在这些书信中，邓小平数度含蓄、婉转地向毛泽东作了检讨，承认自己所犯的"严重错误"，并多次诚恳地表达了重新出来工作的愿望。

周恩来看到毛泽东批示的当天，即批示汪东兴"立即照办"，把毛泽东的批示印发给中央政治局全体成员。此后，主持中央日常工作的周恩来在几次政治局会议上提出讨论这个问题，但因江青等人的消极态度而难以取得结果。从毛泽东的批示看，是在为邓小平说好话，有重新起用邓小平的意思，但是，毕竟没有明确说出。周恩来只能等待时机，努力争取。

此时，在江西的邓小平当然并不知道毛泽东对他的信有什么表示，也不知道周恩来为他的复出所做的努力。不过，他从自己处境的变化，感觉到政治形势的变化。邓小平一家的处境大大好转。这期间，中央办公厅同意并安排他因"文化大革命"而致残的大儿子邓朴方回北京到解放军总医院治疗，其他几个子女的就业、上学等问题也较好地得到解决，江西方面在生活上给予了更多的关照。

不久，周恩来还以中央的名义正式通知江西省委，宣布对邓小平立即解除监督劳动，邓小平可以做一些调查研究工作。据吴庆彤回忆，周恩来给江西方面打招呼："可以让小平同志搞一些参观、访问和调查研究活动。"对于邓小平来说，这是一个十分重要的转折，意味着他的政治生命开始复苏。

邓小平重新出来工作毕竟是一件大事。他曾经被定为"党内第二号走资本主义道路的当权派"，他出来工作，直接关系到怎么样看待"文化大革命"的问题。这时，周恩来领导的批判极左思潮的斗争，正遭到江青一伙人的极力抵制和反对。对于邓小平出来工作，他们更是不能容忍。尽管重新工作的请求远未见结果，但邓小平的政治处境大大改善了。

第二节　井冈山调研

1972年9月，邓小平向江西省革命委员会提出，希望能到井冈山、赣州老区考察。经江西省革命委员会请示中央，9月底，中央批准邓小平到井冈山、赣南、景德镇等地进行社会调查。这一年的11月和12月，完全脱离工作、脱离社会接触长达6年的邓小平，先后到井冈山地区和赣南地区参观调研。

11月12日，邓小平夫妇踏上行程。这是他们到江西三年多以来第一次外出，也是自"文化大革命"爆发以来的第一次外出参观考察。这次外出，标志着他长达6年的禁锢生活结束。江西省革命委员会还作出具体安排：出去时按省部级干部对待；凡是要去的地方，均可由省里先行打招呼，以便接待；派一位工作人员和一位警卫随行，安排一辆伏尔加轿车供他们使用。

12日上午，邓小平到达素有"药都"之称的清江县（现为樟树市）。当听到县革命委员会副主任陈祉川汇报全县工农业总产值仅有2600多万元时，邓小平意味深长地说："看来，你们县的潜力还大得很啊！"随后，他参观了县城南郊的江西盐矿。这天恰逢星期天，盐矿五六百名轮休的工人知道消息后，从清晨起自动汇聚在通往矿办公楼的道路两边等候。在一处简易工棚里，他看到工人们在挥汗如雨地劳动，立即走上前紧握着一位工人的手说："你们的精神太值得学习了！大家现在的工作很辛苦，以后实现了机械化就好了！"在清江吃午餐时，邓小平还提到了樟树的药材："30年代我在中央苏区时，便听说过'药不到樟树不齐，药不过樟树不灵'这句话，老祖宗传下来的宝物，可不能失传啊！"饭后，他执意按规定交了伙食费和粮票。

当天下午，邓小平赶到吉安。他与当地负责人交谈，详细询问当地的人口、生产情况。地委负责人向他介绍情况后，他感叹地说："好多年没有出来了，这次出来什么都新鲜。"当地委的干部谈到林彪企图篡改井冈山斗争的历史时，邓小平说："这是不可能的，历史还是历史，历史不能篡改，那是'左'的路线。"吉安一位当时参加接待邓小平的干部后来回忆说:"我原先认为邓小平同志'文化大革命'倒了霉,又在望城岗劳动了几年,身体会垮掉。见到他后还真吃了一惊,没有想到他的身体这么好,走路很快。"

13日上午,邓小平到达永新县三湾村。当年毛泽东率领秋收起义部队上井冈山时,在这里领导并进行了著名的"三湾改编"。他参观了"三湾改编"旧址,十分感慨地说:"三湾改编很重要,秋收起义部队受挫,甩掉了追赶的敌军来到三湾,在这个清静的地方果断采取措施,对这支面临崩溃的部队进行改编,这是毛泽东同志的一个创举。三湾改编与古田会议一样重要。"三湾村的干部群众前一天接到的通知是说"东南亚外宾"要来参观,没有料到来的竟是邓小平!他们奔走相告,自发地聚集到三湾村招待所的门口欢迎邓小平。看到这些淳厚朴实的"老表"们初冬时节大都仅仅穿着一条单裤且都是自织的土布,居住的也还是土屋,了解到老区群众的生活还非常贫困,邓小平心里沉甸甸的。在离开的路上,他坐在车里一言不发,吸着烟,默默地望着窗外。

当天下午,邓小平夫妇到达宁冈县,参观湘赣边界党的第一次代表大会会址、毛泽东居住过的八角楼旧居等。这些旧址旧居分布在与三湾村相似的穷困的村庄中。参观中,当听到讲解人员讲到林彪一伙妄图把"朱毛会师"的历史篡改为"毛林会师"时,邓小平说:"假的就是假的,真的就是真的。"当宁冈县的干部介绍当地的情况时,他说:"我们的党是好的,是有希望的;我们的人民是好的,是有希望的;我们的国家是好的,是有希望的。"陪同他参观的原宁冈县革命委员会副主任刘步文后来回忆说:"小平同志到宁冈参观以后,往周围看了看。当时，看到老表们的住房比较差，衣着也很差，他就开口问了，就是老百姓吃的、住的怎么样。我说，现在还是比较苦，吃的、生活还是很苦。人均收入每年就三十几块到四十几块钱，鸡鸭鹅养得很少，还有不少倒欠户。小平同志听完了以后，说'今后的日子会好起来的'，就讲了这么一句话。"

当晚，邓小平赶到茨坪。在这里，他停留了三天，参观了黄洋界、八面山、双马石、朱砂冲等革命遗址和井冈山博物馆、工艺美术厂等。到井冈山是邓小平多年的夙愿。1931年2月，邓小平率红七军转战粤桂进入江西，到达距井冈山百余公里的崇义县，这里已是湘赣根据地的外围地带。因江西的敌情尚不严重，他在此告别红七军的战友，转道赴上海向中央汇报工作，与井冈山失之交臂。新中国成立后，邓小平到过江西，但因公务繁忙，仍未了却上井冈山的心愿。

在参观中，邓小平几次说到"革命胜利来之不易，井冈山的传统丢不得""井冈山的精神千万不能丢"！当时曾参与接待工作的黎章根后来回忆说："邓小平下车后，我们发现他精神非常好，充满着活力。当时我负责接待他，就帮着司机一起把行李卸下来。我就发现有好几个箱子都是沉甸甸的书籍。第二天，我发现小平同志把这些箱子全部打开来了，书全部摊在桌子上。有新华社编发的参考资料，有反映日本田中角荣等政要的传记。小平同志刚刚恢复组织生活，到我们这里做调查研究，已经非常关注国际形势，关注国际上一些知名人士的动向和活动。"

在八面山爬坡时，一位细心的工作人员看到邓小平的腿有些不便（1959年邓小平的腿曾骨折），就砍了一根小竹棍给他。邓小平高兴地接过小竹棍，敲敲腿，风趣地对大家说："我这一身零件除了这条腿，其他都是好的。"在去双马石的小路上，一位年轻人听说邓小平是第一次上井冈山，便在路旁拔了一棵桔梗，介绍说红军当年在井冈山就是吃这个。邓小平接过这棵桔梗，递到鼻子上闻了一会儿，说："是的，这种草全国都有，红军长征时也是吃这个，有些麻口，这个既可以充饥，又可以解渴。"

17日，邓小平到达泰和县。全国农业机械化南方片现场会刚在泰和开过不久。邓小平参观县拖拉机厂时，从木模、翻砂、刨、钳、金工到装配等一个个车间，都仔细地看了一遍。随后，他又观看了插秧机的实地操作表演，仔细询问了插秧机的性能和效率，并对陪同的县委负责人说："插秧机这个问题，世界都没有解决，连日本都没有解决好，关键问题是分秧不匀。""农业机械化是个方向，你们还要研究农业机械化。"当听说扩大规模难，邓小平又说："一件事总是由难到易。"

第二天，邓小平在泰和县招待所与空军司令部通信兵部原副部长池龙见面。池龙是老红军，在"文化大革命"开始后不久便被打倒。他是泰和人，不久前回乡探亲，住在县委招待所。他听说邓小平到了泰和，向县委书记提出要见邓小平。池龙在长征中是红一方面军的一名通信兵，经常见到邓小平。邓小平对他也有印象。故人相见，谈话甚欢。邓小平在听池龙控诉林彪集团的罪行时说："林彪这个人不能说没本事，就是伪君子，利用毛主席抬高自己。""这帮人整人是不择手段的。'文化大革命'是'左'了，被坏人钻了空子。"在谈到毛泽东和周恩来时说："毛主席是个伟人。总理吃了很多苦，很多老干部，包括军队的老同志，都是总理保护的。"又说："林彪垮台了，我们党的日子会好点。就是有那么几个书生在胡闹。"并劝池龙要正确对待个人遭遇，不要纠缠于个人的恩怨，振作精神，把眼光看远点。这是邓小平公开谈论对"文化大革命"的认识和看法。作为局外之人，他对"文化大革命"中暴露出来的党和国家存在的问题和弊端看得格外真切。

在泰和了解了农业机械化的问题之后，邓小平又决定再到农村去看看。11月19日清晨，邓小平乘车离开泰和县城，直奔吉安市禾埠公社军民大队，他提出"主要看看农业"。像从前那样，他要和普通农民、农村基层干部摆摆"龙门阵"。在听取生产情况介绍后，他提出要到田里、养猪场看看。在养猪场，他问饲养员有多少头猪，饲养员回答说有109头，他竟然很认真地一头一头数了起来。"怎么差了九头？"邓小平发现只有100头。饲养员忙说有一头母猪带着8只小猪在外面晒场上。看得出来，邓小平非常渴望了解生产一线的实际情况。

在泰和县调研时，二女儿邓楠在南昌生了一个女孩，这是邓小平的第一个孙辈。政治上逐步获得"解放"，又添了第三代，他非常高兴。19日下午，他们从吉安直接回到南昌。

在江西老根据地这块革命热土上，很快地流传开"邓小平又出来了"这一振奋人心的消息。人们急切地盼望着、期待着这一消息得到证实。

第三节　赣南调研

1972年11月下旬，中共中央办公厅在给江西省革命委员会的电话通知中说：邓小平夫妇今后可以外出参观访问，去处不受限制，待遇和接待规格可以提高。邓小平在得到这个可以外出参观不受限制的通知后，决定再下赣南，到原中央苏区参观。12月5日至15日，邓小平夫妇赴赣南地区参观访问。这次出行，江西省增加了警卫，提高了接待规格，气氛也更加宽松了。如果说井冈山地区是邓小平向往已久却一直没有机会参观的革命圣地，那这次要去的地方，则是他所熟悉的中央苏区故地，是他曾经工作和战斗过的地方。

12月5日晨，邓小平夫妇离开新建县望城岗住所，当晚抵达赣州。6日上午从赣州前往兴国。兴国曾是中央苏区的模范县，也是当年江西省委和江西省军区所在地，兴国人民对中国革命做出过很大的贡献。邓小平在中央苏区工作期间，未曾到过兴国县，但他对兴国县的工作是了解的。他任《红星》报主编期间，还多次在报上表扬了兴国。他对这次能去兴国看看，十分高兴。

进入兴国后，邓小平说："来兴国参观是我多年的愿望，可惜一直找不到合适的机会，今天终于来了。"在兴国，邓小平参观了毛主席创建苏区兴国模范县纪念馆、毛主席兴国调查陈列馆以及鸡心岭革命烈士纪念馆和文昌宫革命旧址。在听到当地干部介绍兴国是个贫困地区，水土流失严重，农民生活十分困苦时，邓小平表情凝重。在吃午饭时，他说："吃到兴国的饭菜，就让我回想起当年兴国人民招待红军的深情厚谊。那时兴国人民对红军可好了，把自己家最好吃的东西拿出来招待红军。凡是到过兴国的同志都有这个印象。"下午，邓小平参观了苏区长冈乡消费合作社旧址和长冈水电站，询问水库容量、发电量以及灌溉、防洪、养鱼等情况。在参观结束后，他说："苏区时你们兴国的人口有23万。我记得你们县参军、参战的人很多，出了很多将军。当年苏区，兴国人在各县都有干部。"12月7日，早饭后离开兴国时，邓小平说："总算了了心愿。"

12月7日上午，邓小平到达于都县。当年在中央苏区工作时，邓小平曾数次来过于都，最后一次是从这里出发踏上长征路。邓小平参观了毛主席在于都革命活动纪念馆、红四军政治部旧址、毛泽东长征前夕的旧居和长征出发时红军夜渡于都河的渡口。他深情地说："我长征离开于都时，在这里弹了一床四斤重的棉被，这床棉被一直伴我走过长征。"在参观于都纪念馆时，他提出："要求真实，符合历史原貌。"

下午，邓小平到达会昌。40年前的1932年5月，28岁的邓小平出任会昌县委书记。当年他在赣南工作时，就是"实干派"。担任会（昌）寻（乌）安（远）中心县委书记时，邓小平不仅大力"扩红"，还下大力气恢复生产，发展商贸。到他临走时，中心县委所在地筠门岭设立了中心县的对外贸易局和关税总处。关税总处成为中央苏区第一个海关，大量货物由南向北进入苏区。邓小平还始终重视改善民生问题。会、寻、安三县都是中央苏区的边区，赤白对立严重，又正处于第四次反"围剿"时期，中心县委在邓小平的领导下，大刀阔斧进行各项改革，苏维埃政府大力发展工农业生产，仅1932年，会昌县粮食产量就比上年增加20%。

听说会昌发现了盐矿，12月8日上午，邓小平执意要去看看。他回忆说："苏区时我们吃没有盐的亏太大了，找到盐矿，是件很好的事。"他还谈起苏区时熬硝盐的情况。到了会昌以南50公里的周田盐矿后，他非常兴奋，从一个盐场走到另一个盐场，详细地询问生产情况。他叮嘱盐矿负责人说："要把盐矿办好，不仅满足江西人民的需要，还要满足其他兄弟省市的需要，眼光还可以放远点。"

回到会昌县城，邓小平参观了苏区中共会昌县委机关驻地。它位于会昌城内的孔圣殿旁。邓小平任会昌县委书记时曾在这里居住和工作过。这时，老房子已经拆除改建成县法院，只剩下一株四人合抱、枝叶繁茂的百年古榕依然屹立在那儿。邓小平看到这棵大榕树时感慨："这里都变了样呀？这棵大榕树还在！我住在这里时，经常在榕树下看书看报。"县委的同志告诉邓小平："旁边的孔圣殿还在。"孔圣殿当时是会昌县苏维埃政府办公的地方。于是，邓小平又到孔圣殿看了看。

从孔圣殿出来，邓小平来到正在举办物资交流会的县体育场。当时，这种物资交流会是反映人民群众生产生活情况的一个窗口。邓小平提出要进去看看，警卫人员担心那里人多、环境乱，事前又没有准备，不安全，不同意他去。但他执意要去，警卫人员只好同意了。他走进市场后，一个摊点一个货架地仔细看，有棉纺、五金、文具、中草药材等。邓小平不时与卖主、买主交谈，询问当地农产品的生产、销售以及农民收入情况。

12月8日下午，在从会昌前往瑞金途中，邓小平参观了苏区粤赣省苏维埃政府旧址和毛泽东旧居。他在参观毛泽东旧居时说："毛主席在当时，也是受排挤、受打击的。"当他到达瑞金时，当地负责人说："你是我们的老县委书记，欢迎你。"这是他当年在中央苏区时工作、生活时间最长的地方。在这里，他停留了三天。

12月9日，邓小平参观了瑞金沙洲坝中央苏区时期毛泽东旧居和临时中央政府大礼堂，叶坪红军广场和云石山中央政府驻地旧址，到设在沙洲坝的江西省九○九地质大队听取工作情况汇报，参观地质标本室、化验室。在当年中央军委总政治部驻地，他向陪同人员介绍王稼祥、贺昌的办公地点，以及他自己的住处和他主编《红星》报的办公地点。在参观红军总政治部和《红星》报社旧址时，他很高兴，记忆力很好。哪个房间是谁住的，是什么部门办公的，他都很清楚。

12月10日，邓小平参观了瑞金县（现为瑞金市，后同）的电线厂、制糖厂、机床厂、塑料厂、工艺美术厂和九〇九地质队。在这些工厂和单位，他详细地询问了工人、技术人员的劳动强度、工作效率及生活情况等。在电线厂，当他看到工厂工人在搬运东西时很累，就关切地问："你们能不能搞流水线，这边进原料，那边出产品？"在参观制糖厂时，他在酒精车间询问酒精的用途，听完介绍后说："还有一样没有说到，酒精还可以用来开汽车。我们在延安时，坐汽车都是用酒精做燃料的。"当了解到工人们坚持用手工包装糖果而不搞机械化包装的原因是怕工人失业时，他说："不能这样看问题。人多可以一部分学习，一部分工作。厂里合理地安排好，这样工人的素质才能提高，厂里的现代化水平才能提高。"

在瑞金参观途中，一位工作人员要搀扶他上楼梯，他婉言谢绝说："不用，我今年68岁，还可以干20年。""干20年没什么问题。"的确是这样，邓小平回京后又为党工作了20年。这是他人生经历中最辉煌的20年，也是受到国内外评价最高的20年。

12月11日，邓小平在听取瑞金县负责人汇报情况时说："瑞金的县办工业还可以，办起了一些厂子，农业还不太行。""应该说，现在比过去好了很多。新中国成立后我们做了许多工作，取得了很大的成绩。但是和西方国家比起来，我们最少落后40年，还需要努力。"

实际上，在江西期间邓小平通过短波电台了解到世界各国的经济发展情况，也意识到了加强对外交流，引进欧美等发达国家的先进技术和设备，是促进中国现代化发展的有效途径。邓小平复出后就针对工业现代化，多次强调要"引进新技术、新设备，扩大进出口""要实现四个现代化，就要善于学习，大量取得国际上的帮助。要引进国际上的先进技术、先进装备，作为我们发展的起点"。"文化大革命"刚结束，他就亲自前往美国、日本等国进行考察，美国、日本的先进技术设备，大量低息、免息的资金得以进入中国。他鼓励发展外向型经济。20世纪之初就留学法国的邓小平在江西亲眼看见了中国落后的劳动生产力，对中国与西方国家的差距有了更为清醒的认识。

在听取汇报时，瑞金纪念馆负责人就如何宣传毛泽东思想征求邓小平的意见。邓小平说："宣传毛泽东思想的活动，光看几个旧址，还不能反映当时的历史情况。瑞金对中国革命做过重大贡献，应该有一个革命博物馆，应该有个纪念馆，纪念馆宣传的内容，应该从井冈山斗争宣传到遵义会议。整个这段历史都应该宣传。"邓小平历来主张应该完整、准确地理解和宣传毛泽东思想。他的这段话，体现了他的这一思想。瑞金纪念馆后来根据邓小平的这一意见，在上级单位的支持下，对纪念馆进行扩建，并充实了展览内容。邓小平后来一直关心着瑞金的发展。1986年，他特意为瑞金第一中学题写了校名。1991年，他为纪念中央革命根据地创建暨苏维埃临时中央政府成立六十周年题词："纪念中央革命根据地创建六十周年。"

12月11日下午，邓小平到达宁都。第二天，他在宁都参观了黄陂公社山堂、荷树等村的毛泽东、朱德旧居和原红军总部等旧址，以及位于七里村的原中共江西省委旧址、位于县城的毛泽东实践活动纪念馆。参观完毕，返回设在黄陂圩的公社会议室休息。邓小平要县、社的同志谈谈情况。看到负责人要掏出事先准备好的汇报材料照念，邓小平连忙制止，接着提出了一连串具体问题，如：宁都现管辖多少公社？黄陂有多少户、多少人？多少土地？亩产多少？机耕面积多少？有几台拖拉机？标准台有多少？电力照明多少度？农民平均纯收入多少元？他一边问，县、社的同志一边回答。问到拖拉机有多少标准台时，公社的同志搞不清什么叫"标准台"，也不懂如何折算。邓小平耐心做了解释。座谈中，他没有做更多的评论，只是将那些令他失望的数字，默默地记在心中。

离开宁都后，邓小平夫妇又到了广昌、抚州。广昌，土地革命时期是中央苏区的北大门。12月12日下午，到达广昌时，邓小平在招待所说："过去保卫广昌，没到过广昌。这次了了这个心愿。"13日上午，邓小平参观了广昌革命纪念馆和原中央红军广昌保卫战主战场之一的沙子岭遗址。在第五次反"围剿"期间，从1934年4月11日至28日，红军在这里进行了著名的广昌保卫战。这场恶战由博古、李德直接指挥，是"堡垒对堡垒""节节抵御""短促突击"错误战法的典型。恶战的结果是红军伤亡5000余人，损失惨重，广昌县城丢失，苏区北大门洞开。

在参观时，邓小平还问起了一处叫万年亭的地方。那是广昌县高虎脑南大岭夹山坳公路旁的一座古凉亭。1934年8月5日至7日，彭德怀指挥红三军团在高虎脑顽强抗击国民党军六个师十数次的轮番进攻，毙伤敌军4000余人。战斗中，彭德怀的前线指挥部就设在这座古亭。邓小平当时对高虎脑战斗十分关注，曾连续编发三篇专稿在《红星》报发表，高度赞扬高虎脑战斗中红军英勇顽强的斗争精神，介绍了红三军团在战斗中开展政治工作的经验。

13日下午到达抚州参观开关厂时，邓小平对厂负责人说："不要长期搞军品，单一的不好，还要搞民用。"14日，邓小平又马不停蹄地参观了抚州市第一制药厂、针织内衣厂、棉纺织厂，听取抚州地区负责人汇报情况。

12月15日，邓小平结束赣南之行，从抚州返回南昌。途中，他还参观了临川县湖南公社孔庄大队。

邓小平的井冈山之行和赣南之行，不是"怀旧之旅"，而是他在复出工作之前的两次重要的调查考察。新中国建立之后，无论是在西南主政，还是调中央工作以后，他都经常安排做一些时间和内容都比较集中的调查研究。从在中南海被监管到"疏散"到江西来劳动，这6年多时间里，他虽然努力从各个渠道了解社会实际情况，但毕竟是有限的。井冈山和赣南之行给他补上了调查研究的"一课"。通过参观访问、实地察看，他更直接地了解了当时国家工农业生产和国民经济的实际运行情况，特别是更直接地了解了人民群众生产生活情况和基层社会的情况。这些，对于他后来复出工作不久即领导进行各方面的整顿有着直接的影响。

这些调查考察，使得多年未参加工作的邓小平对中国的国情有了一个清醒的认识。他在1973年恢复工作后的一段时间里，多次谈到自己的看法。这一年的7月17日，他会见来访的尼泊尔客人时说："中国这样大，但也可以说不大。大，是说我们的地方大，人口多；

不大，就是很不发达。"8月13日，他会见泰国羽毛球代表团。在对方说要向泰国介绍中国时，邓小平说："你不要忘记我们的缺点还很多，人民的生活水平还很低，与世界科学技术水平相比，还有相当大的差距。""大体上还要再做50年的努力看能不能发展起来。"8月27日，他在向也门客人介绍国内情况时说："作为地广人多的国家，我们对世界应当有自己的贡献，但我们自己还是一个落后的、发展中的国家，贡献还很小，不相称。"8月28日，他在会见尼日利亚新闻工作者代表团时说，中国"经过24年的努力，有一点成绩。但工业现代化水平、科学技术现代化水平，比资本主义发达国家恐怕要差20年左右，相当于西方世界50年代的水平。要使我国成为一个比较发达的社会主义国家，还要几十年时间"。10月4日，他会见坦桑尼亚卫生部部长姆维尼，在对方说中国历史悠久、民族坚强时，他说："我们祖宗遗留下的是一大块地方，几亿人口，还有一点古迹。现代化东西少。""但是，我们自己站起来时，可以做一点事情。""不发达不行啊！人家要欺侮的。"

1973年1月的一天，江西省委的一位负责人看望了邓小平，告诉他中央通知他近期回北京。这一消息使邓小平一家喜出望外。他们盼着这一天，当真的盼到了，似乎又感到太突然。邓小平说："不忙，过了春节再走。"对这个他谪居了三年多的地方，他和他的家人还真有些留恋不舍。

2月3日是春节，他们一家在江西欢度佳节，其乐融融。邓小平知道自己复出工作已经提到议事日程上，"赋闲"的日子屈指可数了。因此，春节刚过，他便提出再出去走一走。这一次，在江西省委的安排下，他去了瓷都景德镇。

2月7日，邓小平抵达景德镇。邓小平对接待他的市负责人说："毛主席要我回北京前在江西看看。景德镇很有名气，小学念书时就知道景德镇。"他兴致勃勃地参观了几个陶瓷厂和陶瓷馆。在景德镇，工人们认出了他，各车间的人都拥了出来，围住他的汽车，热烈鼓掌。邓小平立即下车，向工人们招手，心中充满感动之情。在参观中，他详细地询问工厂的生产情况、工人每月的工资、工人的生活水平，等等。当邓小平了解到瓷厂按照周恩来指示正在生产为外国人所需要的产品时，邓小平不仅非常高兴，而且肯定地说："是可以嘛。"对景德镇陶瓷厂走外向型发展道路表示了积极支持。2月11日离开景德镇时，他对景德镇的负责人说："景德镇是瓷都，而且世界有名。景德镇的工人是有创造性的，劳动能创造世界。"

在返回南昌途中，邓小平又专门到进贤县会见在中央办公厅"五七"干校劳动的原秘书王瑞林。王瑞林是山东招远人，1946年参加革命，曾任东北军区机要处参谋等职。新中国成立后，王瑞林到政务院机要处工作。1952年邓小平被调到北京后不久，他即担任邓小平的秘书，长期在邓小平身边工作。1967年8月以后，他先在中共中央办公厅学习班学习，后又被下放到"五七"干校劳动。多年未见面了，见面后两人都很激动。在征得"五七"干校负责人同意后，邓小平将王瑞林接到"将军楼"住了两天。

就要离开江西了，邓小平让卓琳代表他和全家到新建县拖拉机修造厂看望工厂的工人师傅们，向大家表示感谢。临行前，工人们聚集起来为他们送行。他和卓琳拿出点心、糖果和水果招待大家。他对工人们说:"我们在厂里三年多了,麻烦大家了!"工人们说:"希望您以后有机会回厂里看看。"他说:"会的,厂里的工人、干部都很好,我们会想念你们的。"

1973年2月19日,邓小平携家人告别居住了三年多的望城岗步兵学校"将军楼",告别了新建县拖拉机修造厂和朴实、热情的工人们,告别了与他革命生涯紧密相连的江西这块火热的土地,踏上了返回北京的路途。

回到北京后,邓小平始终忘不了曾经战斗过的这块红土地,忘不了这个让他真正了解了人民疾苦的拖拉机修造厂,忘不了和他相处了三年的淳朴、善良的工人们。他始终关心着他们,关心着新建县的建设和发展。新建人民爱戴邓小平,同邓小平建立起了深厚的感情。邓小平在新建人民心中矗立了一座不朽的丰碑。

第四节 再次走到中国政治舞台的中心

中央通知邓小平回北京,是因为周恩来关于邓小平恢复国务院副总理职务的建议得到了毛泽东的同意。在毛泽东对邓小平的信做出批示的4个月后,1972年12月17日晚,毛泽东对被打成"二月逆流"代表人物的谭震林的问题做了明确表态,提出应该让他从广西回来。谭震林1969年被疏散到了广西桂林。周恩来意识到这是一个机会,第二天即致信给中央政治局分管干部审查工作的纪登奎、汪东兴,催促他们:"邓小平同志曾要求做点工作,请你们也考虑一下,主席也曾提过几次。"事情很快有了进展。12月27日,纪登奎、汪东兴致信周恩来，提议将谭震林调回北京安排工作，邓小平仍任副总理，分配适当工作。周恩来阅信后批示："谭事可先办。邓事待请示毛主席后定。"很快，毛泽东同意了关于邓小平工作安排的建议。周恩来几经周折，终于打开了邓小平复出的大门。

周恩来想得很细，邓小平不仅要恢复职务，而且要恢复声誉，要为他复出工作尽可能创造更好的环境。1973年3月9日，他将草拟的中共中央《关于恢复邓小平同志的党的组织生活和国务院副总理的职务的决定》稿报送毛泽东，并在上面写道："关于恢复邓小平同志的国务院副总理职务问题，政治局会议几次讨论过，并在主席处开会时报告过。邓小平同志已回北京。为在全国树立这样一位高级标兵，政治局认为需要中央做出一个决定，一直发到县团级党委。"同日，毛泽东阅后批示："同意。"周恩来又立刻将批件和附件（即邓小平写的《我的自述》）送邓小平，征求本人的意见。第二天，即3月10日，中共中央正式发出这个决定。

3月29日晚，中南海毛泽东住处书房。毛泽东在周恩来的陪同下与邓小平见面。毛泽东看上去很高兴，他握住邓小平的手说："努力工作，保护身体。"毛泽东问他这些年是怎么过来的，邓小平回答了两个字："等待。"毛泽东的问话和邓小平的回答都是真诚的。"文化大革命"开始后，毛泽东对邓小平的表现很不满，发动批判邓小平，但他并不想把邓小平彻底打倒。他多次在一些场合说过："邓小平的问题与刘少奇的问题不同，我总是要替邓小平说几句好话的。"正是因为有了毛泽东的这几句话，邓小平才"留得青山在"。邓小平后来说："林彪、'四人帮'总是想把我整死，应该说，毛主席保护了我。""我长期在毛主席领导下工作,就我个人内心来说,对毛主席抱有希望。我相信毛主席了解我。事实证明,1973年他又把我接回来了并很快委托我非常重要的任务。"

半个月后,邓小平公开露面。那是在周恩来为欢迎刚刚从柬埔寨解放区返回北京的柬埔寨国家元首诺罗敦·西哈努克亲王和夫人的宴会上。当人民大会堂的盛宴尚未正式开始,人们正在等待着西哈努克亲王入座的时候,邓小平出现了。这是自"文化大革命"被打倒后,他首次在公开场合同中外人士见面。刹那间,几百双眼睛投向了这个既熟悉又久违了的身影。在场的外国记者立刻意识到,这是一则头条新闻。一位记者后来这样描述:"这天晚上,宴会未散就急匆匆走下楼梯的不是外交官,而是各国的新闻记者。他们直奔近处的邮电总局,向全世界传播一则重大新闻:邓小平复出!"

恢复工作5个月之后,邓小平在1973年8月召开的党的第十次全国代表大会上当选为中央委员。从"二号走资派"又成为国务院副总理、中央委员,这是邓小平政治生涯中相当大的转折。

离开政坛6年多了,党和国家的情况已发生了很大的变化。邓小平在被隔离、监管的情况下,虽然努力通过各种渠道了解各方面的情况,但毕竟有限,特别是对地方和部门实际工作的情况了解不多。中共十大以后,邓小平参与了大量外事接待工作。他利用陪外国客人到各地参观的机会,努力调查了解地方工作和人民群众生产生活的情况,并对各地解决工作中存在的一些问题提出指导意见。

10月10日,加拿大总理特鲁多访华。邓小平参与接待并全程陪同特鲁多夫妇在各地访问。10月15日下午,邓小平陪同特鲁多夫妇在桂林参观芦笛岩。在洞外小憩时，他看到了和美丽的桂林山水极不协调的一幕：桂林钢厂高耸的烟囱浓烟滚滚，一些山体被炸得千疮百孔，芳莲池和桃花江被严重污染。第二天，邓小平陪同客人游览漓江，这也是他第一次游漓江。此时的漓江江水污浊不堪，沿江两岸到处可见一些临时建筑、成堆的垃圾和被人为破坏的竹林。晚上，客人休息后，邓小平找来广西壮族自治区和桂林市的负责人，听取他们简要的工作汇报后，便提出和他们一起去察看漓江的污染情况。乘车到达解放桥上下的河段，邓小平和他们边走边看，边走边谈，估计污染程度，分析污染原因，商量治理办法。邓小平对他们说："桂林是世界著名的风景文化名城，漓江是这座名城的重要组成部分。你们抓生产、抓城建，这都很对，但如果不把漓江治理好，即使工农业生产发展得再快，市政建设搞得再好，那也是功不抵过啊！"邓小平回京后，亲自主持国务院会议，讨论了漓江治理问题。不久，国务院发出《尽快恢复并很好保持桂林山水甲天下的风貌的决定》，责成广西壮族自治区党委、政府应把治理漓江提上议事日程，采取切实措施尽快把漓江治理好。

10月21日，邓小平路过武汉时作短暂停留，视察了武汉钢铁厂。炼铁厂的四号高炉是中国自己设计、自己制造、自己施工安装的，年产生钢铁150万吨，在当时是全国最大的高炉。高炉从破土动工到建成出第一炉铁水，只用了137天，恰好与淮海战役的时间差不多。邓小平高兴地说："好，又是一个'淮海战役'，是钢铁战线上的'淮海战役'。钢铁工业要搞大兵团作战，但是一定要科学组织、合理施工，希望你们再打一个团结协作的漂亮仗。"他还对武钢的发展规模提出了一个设想，说："武钢是新中国兴建的大钢都，地理条件优越，很有发展前途，现在搞400万吨，我看将来可以搞1000万吨！"

第二天，路过河北时，邓小平视察了革命老区邯郸。他听取邯郸钢铁工业发展情况的汇报后，说："邯郸是个好地方，我也非常怀念这个地方。这里有煤有铁有水有电，西部地下资源多，东部平原又盛产棉粮，条件非常好，比起西德著名的鲁尔工业区的自然条件也不差，可以像鲁尔工业区那样，搞个大型的邯邢（指邯郸和邢台）钢铁生产基地。"这天下午，虽然时间很紧，邓小平还是坐环行火车到当年战斗、工作过的西部山区武安、峰峰矿区等地走了一圈。他叮嘱当地负责人："战争年代老区人民对革命做了很大的贡献，你们一定要把老区建设和群众生活搞好，把工农业生产搞上去。"看完老区回来，省委负责人征询邓小平的意见，他意味深长地说："看来变化不大呀！"

经过半年多时间的观察，毛泽东决定委以邓小平重任。1973年12月12日，毛泽东主持召开政治局会议讨论决定八大军区司令员调动问题。在这次政治局会议上，毛泽东提出让邓小平任军委委员、政治局委员，他说："我和剑英同志请邓小平同志参加军委，当委员。是不是当政治局委员以后开二中全会追认。"此后几天，毛泽东在与负责人谈话时，多次讲到邓小平。

他说："现在请了一个军师，叫邓小平。发个通知，当政治局委员、军委委员。政治局是管全部的，党政军民学，东西南北中。我想政治局添一个秘书长吧，你（指邓小平）不要这个名义，那就当参谋长吧！"

"我们现在请了一位总参谋长。他呢，有些人怕他，但他办事比较果断。他一生大概三七开。你们的老上司，我请回来了，政治局请回来了，不是我一个人请回来的。你（指邓小平）呢，人家有点怕你。我送你两句话，柔中寓刚，绵里藏针。外面和气一点，内部是钢铁公司。过去的缺点，慢慢地改一改吧。"

"这位同志（指邓小平）也是跟我几十年了。他现在是中央政治局委员、军委委员了。他呢，我喜欢他，有一些人怕他。打起仗来呢，此人还是一个好人啊！"

毛泽东对邓小平的赞赏和器重，溢于言表。他不仅起用了邓小平，而且委以重任。邓小平不仅恢复了政治局委员的职务，而且参加军委的领导工作。"文化大革命"前，他虽然是政治局常委、总书记，但在军队并没有实职。复出后的邓小平进入军委，出乎人们的意料。

随着邓小平越来越得到毛泽东的重用，他同江青、王洪文、张春桥、姚文元等人的冲突已不可避免。1973年8月30日，在党的十届一中全会上，王洪文、张春桥被选为中央政治局常委，王洪文则被明确作为毛泽东选定的接班人培养；江青、姚文元也是中央政治局委员。邓小平的复出，是党心民心所向，而在江青一伙看来，则是被打倒的对立面又重新站了起来，必然是他们的心腹大患。对邓小平的复职，他们打心眼里就反对，但因为是毛泽东的意见，也就没有办法阻拦。

1974年3月，毛泽东指定邓小平出席联合国大会第六届特别会议。这次会议，以研究原料与发展问题为主题，是联合国成立以来首次专门讨论国际经济关系的一次特别会议。许多国家都很重视这次会议，表示届时将由国家元首或政府首脑率团出席。因此，会议的规格明显提高。中国政府也很重视这次会议，决定派代表团参加。毛泽东提出，可以利用联大特别会议召开这一机会，阐述中国政府对当前国际问题的主张。中国自1971年恢复在联合国的合法席位以来，还没有国家领导人出现在联合国的重要活动场合，代表中国政府阐明对当前重大国际问题的看法。这次会议由谁代表中国在联大"亮相"，国际国内都非常关注。具有丰富外交经验和很高国际声望的周恩来重病在身，不能远行。毛泽东经过深思熟虑，选定了邓小平。江青认为这一安排对他们很不利，便再也按捺不住，公开地站出来反对。3月27日，毛泽东致信江青："邓小平同志出国是我的意见，你不要反对为好。小心谨慎，不要反对我的提议。"

邓小平参加这次联大特别会议，是新中国成立后中国最高级别领导人首次登上联合国讲台，关系到新中国在国际舞台上的形象。邓小平立即全力投入各项准备工作。他对代表团成员说："重要的是要有一篇好的发言稿。"随后，他集中精力主持组织起草发言稿。在讨论发言稿初稿时，大家觉得发言除阐述中国的对外政策和主张外，还应当向国际社会传达中国共产党对国际形势的新看法，即毛泽东关于"三个世界"的新论断。邓小平不仅非常赞成这个意见，而且还提出在发言中要表明中国作为第三世界国家永远不称霸的态度。参与起草发言稿的凌青后来回忆说："初稿写成后，小平同志和大家一起，花了一整天时间，在人民大会堂，一段一段地讨论。中午，就在讨论场所用餐，小平同志和大家一样，每人各分得一份饭菜。吃完后，靠在沙发上略事休息，就继续讨论。会议讨论到最后一段结束语时，小平同志说，应该讲这样几句话，就是'中国现在不是，将来也不做超级大国。如果中国有朝一日变了颜色，变成一个超级大国，也在世界上称王称霸，到处欺负人家，侵略人家，剥削人家，那么，世界人民就应当给中国戴上一顶社会帝国主义的帽子，就应当揭露它，反对它，并且同中国人民一道，打倒它'。当我记下这几句话后，小平同志说：'你就这样写，不必改。'这是我国国家领导人第一次在联合国讲坛上对国际社会表达中国永不称霸的决心，特别是最后一句'全世界人民同中国人民一道，打倒它'，是在其他场合都没有提到过的，更显示出中国人民同世界人民利益的一致性。这篇讲话在当时确实博得了第三世界国家的普遍赞扬。"

邓小平的发言，赢得了大多数国家特别是第三世界国家代表团的普遍称赞。发言结束后，许多国家的代表纷纷同邓小平握手致意。在联合国的讲台上，中国的声音震动了世界。同时，邓小平在联大的亮相，引起了国际社会对他个人的关注，奠定了他作为国际政治活动家的重要地位。世界各大报刊和电台很快报道了邓小平的发言内容并纷纷发表评论。外国舆论认为，邓小平不仅代表着新中国的形象，还是周恩来总理的一位"最好的代理人"。日本《产经新闻》的评论说："中国代表团的行动像主角一样，邓小平团长座位周围人山人海；中国对萎靡不振的美苏超级大国的'资源外交'采取挑战姿态。"会议期间，邓小平按原定计划就中美关系正常化和世界形势问题同美国国务卿基辛格进行了会谈。基辛格后来回忆说："他处理事情的果断能力以及对事物的洞察力给我留下了深刻印象。"

从1974年6月起，因周恩来住院治疗癌症，邓小平和李先念开始协助周恩来处理国务院的日常工作。邓小平主要管外交工作。进入20世纪70年代后，国际形势发生了新的变化，毛泽东等领导人审时度势，调整外交战略，决策打开中美关系的大门，并推动中国同资本主义国家普遍建立外交关系。中国对外关系出现了新局面。邓小平分管外交工作后，会见了多批来访的外国党政代表团和国际友人，多次陪同客人到全国各地参观访问，增进了中国同世界一些国家的友好关系。特别是，他为推动中日关系的实质性发展和中美关系正常化，做了很多卓有成效的工作。

毛泽东对邓小平复出后的工作很满意，有意让邓小平担任更重要的党政军领导职务，并逐步接替重病在身的周恩来的工作。"四人帮"则是企图排除周恩来、阻挡邓小平，利用召开四届人大的重新"组阁"的机会，攫取国务院大权。面对"四人帮"的进攻，邓小平毫不退让。在双方的斗争中，毛泽东对邓小平表示了明确支持和器重。他提议邓小平当第一副总理、军委副主席兼总参谋长。12月，毛泽东与前来长沙汇报四届人大人事安排情况的周恩来、王洪文谈话，他再次高度评价邓小平，说邓小平"政治思想强""人才难得"。他当面对王洪文说："比你强。"毛泽东说："人大开过后，总理（指周恩来）可安心养病，国务院的工作由邓小平去顶。"他还提议邓小平当中共中央副主席。"四人帮"的"组阁"图谋破产，政治上受到重大挫败。

从1974年11月下旬开始，邓小平根据毛泽东和周恩来的意见，主持起草周恩来总理将在四届人大作的《政府工作报告》稿。考虑到周恩来的身体状况，邓小平提议并报毛泽东同意，确定报告篇幅为三五千字。

邓小平和起草班子经过反复讨论，最后确定把关于四个现代化建设的战略设想作为重点来写。邓小平亲自拟写了几段话，其中一段有一千几百个字，内容主要是重申1964年周恩来在三届人大《政府工作报告》里提出的关于实现四个现代化的"两步设想"，即："第一步，用十五年时间，即在1980年以前，建成一个独立的比较完整的工业体系和国民经济体系；第二步，在本世纪内，全面实现农业、工业、国防和科学技术的现代化，使我国国民经济走在世界的前列。"于是，实现"四个现代化"，成为整个《政府工作报告》最引人注目的内容和精髓所在。

在筹备四届人大的过程中，邓小平对党和国家全局的工作已形成了一些想法和意见。12月17日，邓小平陪同来访的扎伊尔总统蒙博托去长沙见毛泽东。会见结束后，邓小平向毛泽东汇报四届人大筹备工作时，谈了他对当前形势的看法，提出应当把建设问题强调一下，抓一下生产。他说："国际环境可能还能争取到五年，主要是美国不敢打，铺得很开，苏联很集中。国内是不是应当考虑把建设问题强调一下，争取五年左右的时间。要利用这五年时间，不能耽误。归根到底就是主席讲的要安定团结，搞建设不安定不行。我觉得主要的关键是要有稳定的有威信的省委，要能够发号施令，大家都听，当然要发得对。这么大的国家，都靠中央不行。现在下边议论，大家不安，感到乱哄哄的。比如，搞科研的绝大多数没有做什么事，不是说群众不要求工作，是没办法。旷工不是个别的，少数的，而是相当大量，但这不等于工人群众对现状满意。总的意见是这几年认真抓一下生产，抓革命，促生产。"毛泽东听后说："要先念（指李先念）、秋里（指余秋里）、你合作。"邓小平说："这个不成问题。恐怕还是革命和生产的位置怎么摆的问题。我看，不安定，生产搞不起来。"毛泽东赞同说："你这个想法好。"邓小平还说："清理与林彪有关的人和事，应该告一段落，转到军队建设，但并不是都同意。"

至此，邓小平又一次进入中共中央核心领导层已成定局。

当1975年来临时，偌大的中国已经"大乱"了九年，党心军心民心都强烈地期盼着"大治"天下。但此时，中国最主要的两位领导人毛泽东和周恩来，一位年迈多病，一位日益病重。"四人帮"搞"文化大革命"不遗余力，但他们不是治理国家的人才。毛泽东把这一愿望寄托在邓小平身上。新年伊始的短短十几天里，邓小平相继担任中共中央副主席、国务院第一副总理、中央军委副主席兼解放军总参谋长，成为党、国家和军队的主要领导人之一，再次走到了中国政治舞台的中心。

历史把邓小平推向了治国安邦的第一线。他清楚地知道，政治风云变幻莫测，复出工作会遇到风险，甚至再次付出沉重代价，但他置个人荣辱于度外，义无反顾地肩负起历史赋予自己的使命，踏上了新的奋斗征程。

1974年4月，周恩来抱病欢送以邓小平为团长的中国出席联合国大会第六届特别会议代表团

1974年4月，邓小平率领中华人民共和国代表团出席联合国大会第六届特别会议

第二章　前奏——不同寻常的复出

1973年4月，在周恩来举行的欢迎西哈努克亲王的宴会上，邓小平自"文化大革命"开始6年来第一次公开露面

1975年4月，邓小平陪同周恩来在医院会见朝鲜劳动党中央总书记、国家主席金日成

第三章 试验——1975年整顿

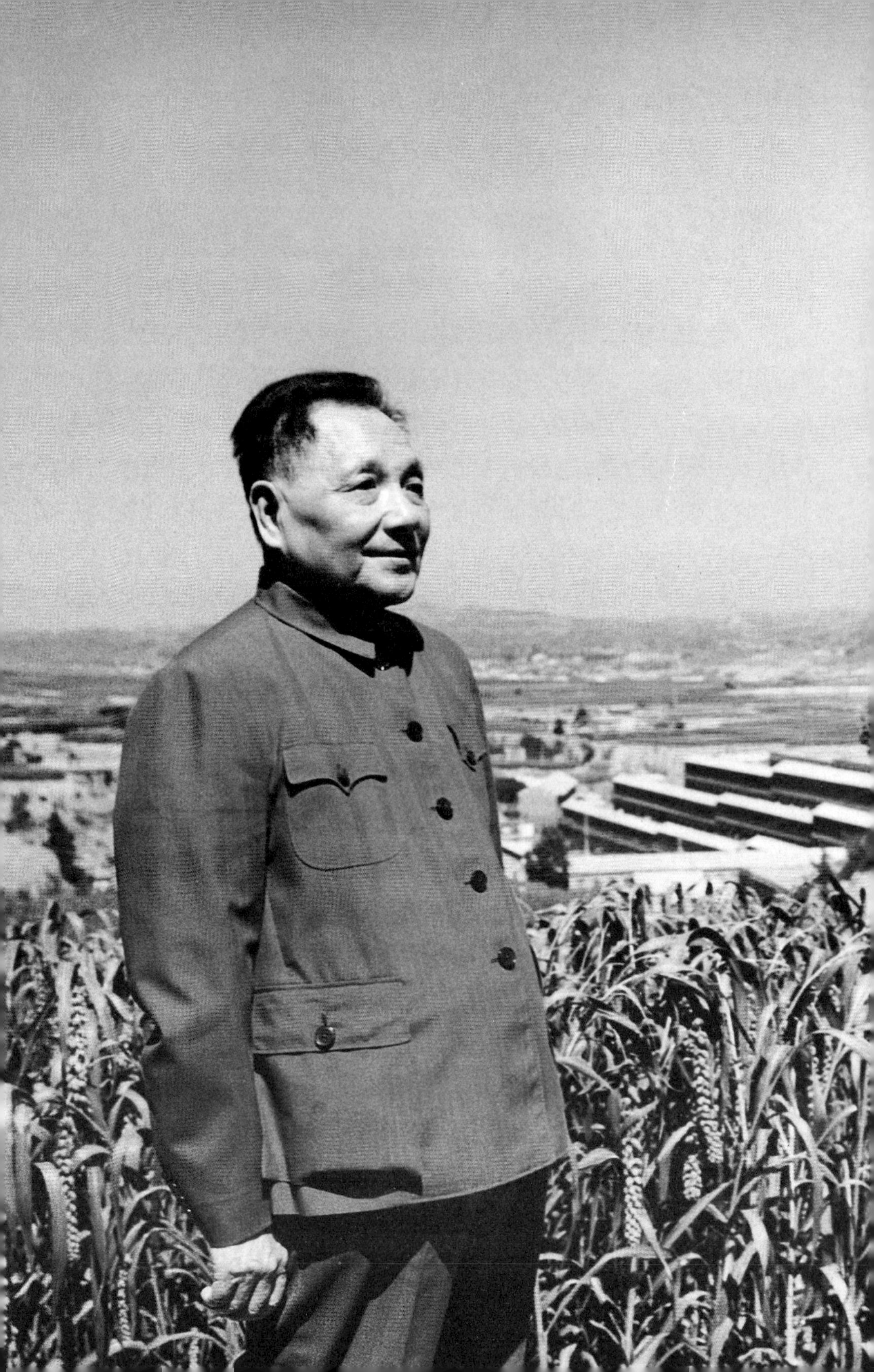

1984年10月10日，邓小平在人民大会堂会见了联邦德国总理科尔。10年前科尔第一次来访时邓小平同他见过面，这次他们又进行了80分钟愉快的长谈。

科尔说，全世界都在注视着北京，注视着中国的新发展，注视着历史悠久的中国是如何走上现代化道路的。邓小平告诉科尔，中国现在发生的变化主要是从1978年底我们党的十一届三中全会开始的，那次全会总结了历史经验，决定了一系列拨乱反正的政策。

接着，邓小平话锋一转，又说："其实，拨乱反正在1975年就开始了。那时我主持中央党政工作，提出了一系列整顿措施，每整顿一项就立即见效，非常见效。这些整顿实际上是同'文化大革命'唱反调，触怒了'四人帮'。他们又一次把我轰下了台。"

3年后，1987年10月13日，邓小平在钓鱼台国宾馆会见了匈牙利社会主义工人党总书记卡达尔。两位社会主义国家的领导人热烈拥抱，互致问候。在会见中，邓小平总结了中国社会主义建设时期的经验教训，并说从1978年党的十一届三中全会开始，制定了一系列新的方针政策，所以我们现在干的事业是全新的事业。

如同3年前会见科尔时那样，邓小平又对卡达尔说："说到改革，其实在1974年到1975年我们已经试验过一段。1973年周恩来总理病重，把我从江西接回来，开始时我代替周总理管一部分国务院的工作，1975年我主持中央常务工作。那时的改革，用的名称是整顿，强调把经济搞上去，首先是恢复生产秩序。凡是这样做的地方都见效。不久，我又被'四人帮'打倒了。我是'三落三起'。1976年四五运动，人民怀念周总理，支持我的也不少。这证明，1974年到1975年的改革是很得人心的，反映了人民的愿望。粉碎'四人帮'以后，十一届三中全会重新确立了实事求是的思想路线，确定了以发展生产力为全党全国的工作中心，改革才重新发动了。"

1975年这一年，邓小平开展的全面整顿是大刀阔斧、雷厉风行的，只用了短短八九个月时间，就初步扭转了"文化大革命"造成的严重混乱局面，把中国从持续九年的动乱中初步解脱出来。全面整顿的实质是纠正"文化大革命"的错误，许多做法实际上是探索中国发展新道路的一种"试验"。

第一节　重点整顿

1975年的整顿，首先是从铁路系统开始的。"文化大革命"以来，特别是"批林批孔"运动以来，由于"四人帮"在铁路系统帮派势力的破坏，造成铁路运输的问题最为严重：生产下降，事故惊人，制度不严，纪律松弛，刑事犯罪突出，堵塞严重，运输不畅。情况特别严重的是两条线（陇海、浙赣）、四个点（徐州、南京、南昌、太原）。其中位于津浦、陇海两大干线交会点的徐州，问题尤为突出，直接影响华东以至全国铁路干线不能畅通。铁路运输问题不解决，生产部署会被统统打乱，整个国民经济计划就都落空。

邓小平抓住这个关键，下决心首先整顿铁路，改变铁路运输拖后腿的状况，让它名副其实地当好发展国民经济的"先行官"。一天上午，邓小平主持国务院常务会议，走进会场，还没有坐下来，就说："铁路问题很严重啊！一片混乱，不整顿不行了！"经过讨论，邓小平确定，搞个文件，统一思想认识，贯彻下去，迅速扭转局面。

1月28日，邓小平召见刚上任10天的铁道部部长万里，要他汇报铁路情况。万里认为问题的要害是派性严重；铁路与地方的关系，即体制问题，也具有决定性作用。邓小平当即表示，体制问题要解决，应当实行铁路运输的统一领导，把权力集中到中央。铁道部在中央直接领导下工作。干部由铁道部统一管理、调配，与地方脱钩。运输生产一定要建立健全规章制度，加强组织纪律性，保证安全、正点。

关于工作部署，万里提出，铁路问题复杂，解决起来难度较大，在调查研究的基础上争取半年解决问题。邓小平说："不行！不能拖，不能等，要用最快的速度，最坚决的措施，迅速扭转形势，改变面貌。"过了9天，邓小平即于2月6日晚再次召见万里，纪登奎和王震两位副总理一起参加会面。邓小平提出，要铁道部代中央起草一份解决铁路问题的文件。对文件的指导思想和写法，他扼要地讲了意见。

2月11日，农历大年初一，邓小平找副总理余秋里、谷牧和万里、袁宝华到他家里，讨论铁路和工业问题。万里表示，以解决铁路问题为重点的全国工业书记会议准备在3月召开。邓小平说："不行，要在2月25日开。"邓小平要求抓紧把文件搞好。他口授了这个文件的主要内容，强调铁路要集中，要实行军事化管理。在审改中共中央《关于加强铁路工作的决定》稿时，邓小平增写了一段话："对于少数资产阶级派性严重、经过批评和教育仍不改正的领导干部和头头，应该及时调离，不宜拖延不决，妨害大局。对严重违法乱纪的要给予处分。"

根据邓小平的决策，2月25日，全国工业书记会议如期在北京京西宾馆召开。会议开了一个星期。3月5日，会议结束的这一天，中共中央9号文件《关于加强铁路工作的决定》正式发出。《决定》要求全国所有铁路单位必须贯彻"安定团结"方针，实行以铁道部为主的管理体制。重申全路由铁道部统一管理，集中指挥，反对资产阶级派性，建立健全必要的规章制度，整顿运输秩序，同各种破坏行为做斗争，加强组织性、纪律性，确保运输安全正点。

就在这一天下午，邓小平同党中央、国务院负责人一起在人民大会堂东大厅接见出席会议的人员。他没有按惯例同大家握手，说："不拉手了，现在工业情况还不好，等你们工业搞上去了，再拉手。"邓小平在其他领导同志向与会者询问情况、发表意见后，做了重要讲话，对铁路整顿从指导思想到方针、政策、办法都做了明确的指示。

邓小平首先提出，全党要讲大局。他说："现在有一个大局，全党要多讲。"什么是大局？就是分两步走发展我国国民经济，建设四化强国："第一步，到1980年，建成一个独立的比较完整的工业体系和国民经济体系；第二步，到本世纪末，也就是说，从现在算起还有25年时间，把我国建设成为具有现代农业、现代工业、现代国防和现代科学技术的社会主义强国。全党全国都要为实现这个伟大目标而奋斗。这就是大局。"

关于解决铁路问题的办法，邓小平提出三条措施：一是"还是要加强集中统一"；二是"建立必要的规章制度，增强组织性纪律性"；三是"反对派性"，铁路部门的人事调动，由铁道部统一管理。

邓小平的这篇讲话强调解决铁路问题的办法是反对派性。这就抓住了主要矛盾，把握了解决铁路问题的关键。他指出，领导同志要看到派性问题的严重性，在这个问题上要有一个明确的态度。他说，反对派性"是大是大非问题"，"现在闹派性已经严重地妨碍我们的大局"，"这个问题不解决，光解决具体问题不行"。同时，邓小平又指出，要分别情况，区别对待：对闹派性的人要再教育，对闹派性的头头要反对。派性头头也有两种情况：对派性迷了心窍的人，"教育过来，既往不咎，再不转变，严肃处理"；对少数坏人，他们利用派性浑水摸鱼，破坏社会秩序，破坏国家经济建设，在混乱中搞投机倒把，升官发财，对这样的人，不处理不行。邓小平点了徐州那个闹事的派性头头顾炳华的名，说："实际上是他在那个地方专政，对这种人不及时处理，等到哪一年呀？"

邓小平还指出，反对派性，"解决问题要有一点办法"。他提出的主要办法有两条：一条是把铁路系统里闹派性的人同地方上闹派性的人之间的联系切断；一条是把闹派性的头头从原单位调开。邓小平说："调动后又钻出个新的头头怎么办？钻出来再调。调两次、三次，总可以解决了吧。""闹派性的头头不服从调动怎么办？不服从调动不发工资。"邓小平总括为三句话：第一，不管大派、小派，都是闹的资产阶级派性；第二，觉悟了，解散了，表扬；第三，还没有解散的要解散,解散了一样表扬。总之,这个问题不解决，就不算根本解决。他要求把9号文件同群众直接见面，用中央的决定来动员群众。他说："三月份的动员要很深入，包括对职工家属、铁路沿线农民，都要做到家喻户晓。"

中共中央9号文件和邓小平讲话，成为指导铁路整顿的纲领。主管交通的副总理王震在会上立下"军令状"：保证一个月内见效。

会后，铁道部采取果断措施，调整、充实、加强各铁路局、铁路分局的领导班子，调离、撤职、逮捕了一小撮破坏铁路运输、专搞资产阶级派性的坏头头，初步稳定了铁路运输秩序。到了4月份，原来严重堵塞的几个铁路局都疏通了；全国20个铁路局，有19个超额完成装车计划；剩下的南昌局虽然没有完成计划，但情况也有好转；全国铁路货物运输量，由上年的下降52%变为增长129%。

铁路系统的整顿取得成效后，邓小平迅速以钢铁工业为重点，狠抓了对整个工业生产的整顿。在动乱岁月，钢铁工业是一个"重灾区"，受到的破坏特别严重。这是由于大型钢铁企业实力雄厚，人数众多，在当地大都处于举足轻重的地位，是"文化大革命"中各派群众组织都竭力争夺的地方，因而"内战"不断，硝烟四起，折腾得格外厉害，几乎没有一个大钢厂不曾发生武斗。

1974年的情况尤为严重，鞍钢、武钢、包钢、太钢频频告急。包钢四座焦炉仅有一座带"病"生产。武钢本来经过一年多的落实政策，狠抓管理，情况大有好转，冶金部专门在武汉召开现场会推广武钢经验，国务院还批转了这次会议报告，人称武钢"一年巨变"。可是"四人帮"大搞"批林批孔"运动，又使武钢形势急转直下，结果，1974年钢产量由上年的上升态势，一下子跌到低谷。其他企业的情况也大体相同，生产秩序被搞乱，设备遭到严重破坏，职工情绪非常低落。

1975年5月21日，邓小平主持召开国务院办公会议，专门讨论钢铁工业问题。针对钢铁工业的严重混乱局面，他斩钉截铁地指出：这种情况继续下去，是破坏！现在是到了下决心解决钢铁问题的时候了。

根据邓小平的意见，5月8日至29日，中共中央在北京召开钢铁工业座谈会，国务院有关部委、17个省市和11个大钢厂的负责同志参加会议。在详细了解和掌握钢铁工业的情况和存在问题后，邓小平和叶剑英、李先念、谷牧等领导同志一起，接见了会议代表。铁道部部长介绍了铁路整顿的经验。中央在会上提出了整顿钢铁工业的任务，要求欠产比较多的几个大企业限期扭转生产下降的局势。

5月29日，邓小平在会上讲话，指出当前钢铁工业重点要解决四个问题：

第一，必须建立一个坚强的领导班子。钢铁生产搞不好，关键是领导班子问题，是领导班子软、懒、散。现在在干部中有一个主要问题，就是怕，不敢摸老虎屁股。一个部门、一个企业的领导，不能怕这怕那。要换一些不怕被打倒的人进领导班子。领导班子就是作战指挥部。指挥部不强，作战就没有力量。不光是冶金部，各个公司、厂矿、车间的领导班子，包括职能机构，都要加强。要使领导班子一不软，二不懒，三不散，说了话大家都能听，都能指挥得动，都能领导起来。

第二，必须坚决同派性做斗争。对于派性，领导上要有一个明确的态度，就是要坚决反对。要敢字当头。对坚持闹派性的人，该调的就调，该批的就批，该斗的就斗，不能慢吞吞的，总是等待。对于派性，还要号召群众、发动群众起来共同反对。要有声势，寸步不让，不能冷冷清清。

第三，必须认真落实政策。我们讲落实政策，不仅要解决戴上帽子的那些人的问题，而且要解决他们周围受到牵连的人的问题。有些人虽然没有戴帽子，但是批评或者斗争过他们，伤了感情的，也要妥善解决。特别要注意对那些老工人、技术骨干、老劳模落实政策，要把这一部分人的积极性调动起来。有些该回领导岗位的要调回来，摆到适当的位置上。

第四，必须建立必要的规章制度。执行规章制度宁可要求严一些，不严就建立不起来。过去有些规章制度比较烦琐，应该改革。我们要总结正反两方面的经验，把必要的规章制度恢复或建立起来。

6月4日，中共中央作出《关于努力完成今年钢铁生产计划的批示》，并转发了冶金部党的核心小组《关于迅速把钢铁工业搞上去的报告》。这是1975年中央第13号文件。文件要求，钢铁工业要"认真落实党的政策，调动一切积极因素，坚决把国民经济搞上去"。

邓小平对钢铁工业大刀阔斧的整顿，立刻收到显著成效。6月份全国钢平均日产量72400吨，超过了全年2600万吨钢计划的平均日产水平；鞍钢、武钢、太钢等重点企业的生产经营形势，也有了喜人的变化。这种发展势头一直持续到1975年第四季度。

铁路系统和钢铁工业整顿的成功经验，为全面整顿树立了典型，邓小平将其向全国推开，抓对整个工业的整顿。

为了尽快改变"文化大革命"造成的国防工业混乱局面，为人民解放军提供较好的武器装备和技术装备，形成强大的国防力量，中共中央于1975年7月召开国防工业重点企业会议，研究对国防工业的整顿问题。

8月3日，邓小平到会讲话。他首先指出，几个月来，中央连续发了关于解决铁路问题、钢铁生产问题等几个文件，方针政策都明确了。这次会议要他讲几句，还是些老话。然后，他以干脆利落的讲话风格，提出了整顿国防工业的三条措施：

第一，一定要建立"敢"字当头的领导班子。"老大难"单位，无非是这么个问题。怕字当头，不干工作，小病大养，无病呻吟，这样的领导干部，索性请他好好休息，不然占着茅坑不拉屎怎么行？解决领导班子问题，主要是配备好一、二把手，一、二把手敢字当头，就可以把队伍带起来。

第二，一定要坚持质量第一。这个问题很重要，特别是军工产品。我们有几次科学试验没有成功，经过检查，并不是技术没有过关，而是那百分之一甚至百分之零点五的零部件质量没有过关，就是那么一点点没有达到要求。质量问题与建立规章制度有关。没有必要的责任制度，质量难于保证，这方面要很好地整顿。

第三，一定要关心群众生活。这个问题不是说一句话就可以解决的，要做许多踏踏实实的工作。现在搞重体力劳动还很艰苦，不搞好职工生活不行。群众对生活方面的议论是相当多的，不要以为都是讲怪话。我们党和国家一定要关心群众生活，现在应该提出这个问题了。

邓小平的讲话，解决了长期以来困扰国防工业发展的几个关键问题。叶剑英在讲话中，着重批判了帮派势力的活动。李先念指出，企业要建立和健全总工程师、总会计师责任制，保证企业的正常生产秩序。

这些讲话深入贯彻后，国防工业系统很快有了较大的改变。1975年下半年，国防尖端武器的研制连续取得突出成就，战略导弹、运载火箭和卫星的研制都有很大进展。7月26日，我国成功发射一颗人造地球卫星；10月27日，我国第17次地下核试验爆炸成功；11月26日，我国成功发射返回式遥感人造地球卫星，成为继美、苏之后第三个掌握回收卫星技术和航天遥感技术的国家；12月16日，我国又成功发射一颗人造地球卫星。一年里成功发射三颗人造地球卫星，这在中国航天史上是史无前例的。人们把此称为"三星高照"。

经过几个月坚决果断的整顿，经济形势明显好转。1975年7月17日，中共中央转发国务院《关于今年上半年工业生产情况的报告》指出，3月以来，"工业生产和交通运输一个月比一个月好"。5月和6

1975年7月，邓小平在中共中央军委扩大会议上的讲话，收录于《邓小平文选》第二卷

1975年8月，邓小平在国防工业重点企业会议上的讲话，收录于《邓小平文选》第二卷

月，原油、原煤、发电量、化肥、水泥、内燃机、纸及纸板、铁路货运量等，创造了历史上月产的最高水平。"文化大革命"以来全面混乱和工业发展停顿的状况得到了扭转，工业生产呈现出一派大好形势。

第二节 全面整顿

在1975年7月以前，邓小平只是主持国务院工作。党中央日常工作和政治局会议是由王洪文主持的。但在上半年的"反经验主义"斗争中，在毛泽东的支持下，周恩来、邓小平、叶剑英等老一辈革命家

1975年7月，邓小平对中央读书班第四期学员的讲话，收录于《邓小平文选》第二卷

1975年九十月，邓小平在农村工作座谈会上的插话，收录于《邓小平文选》第二卷

再次取得了同"四人帮"斗争的重大胜利，使"四人帮"遭遇到了"文化大革命"以来从未有过的挫折。实际上，王洪文担任中共中央副主席后，原来对他并没有很多了解的毛泽东一直在留心观察。王洪文这个时期的表现，使毛泽东深感失望。他向周恩来、邓小平表示：王洪文政治上不强，"威望不高"。根据他的意见，王洪文于6月下旬被派往浙江、上海"帮助工作"，不再主持党中央日常工作。

从此，邓小平开始全面主持党中央和国务院的工作。王洪文到上海后，"四人帮"帮派成员徐景贤问他："你本来是主持中央工作的，现在你到上海来，中央的工作由谁主持啊？"王洪文说："什么主持工作？现在我有什么权啊？党中央和国务院都是邓（即邓小平）在抓，军队也是他的，我只能抓抓中央党校的工农兵读书班了。这是主席定的，我有啥办法。"

善于抓住机遇的邓小平，立即抓住有利时机，领导1975年整顿进入一个新的阶段，即全面展开和向纵深发展的阶段。

当时的情况是，"四人帮"虽然受挫，却并没有完全失去毛泽东的信任，而且他们还控制着文艺、教育、科技、出版、理论等领域。邓小平在抓经济整顿的同时，开始进行科教领域的整顿。整顿的重点，是为知识分子、教育工作者恢复名誉，恢复和加强科技、教育工作；创造宽松的政治环境，繁荣社会主义文艺。

这期间，邓小平派胡耀邦到中国科学院领导整顿工作。9月26日，在讨论胡耀邦主持起草的《科学院工作汇报提纲》时，邓小平提出了在"文化大革命"形势下具有非同寻常的政治意义和理论意义的论断：科学技术是生产力，科技人员就是劳动者。

他还说，如果我们的科学研究工作不走在前面，就要拖整个国家建设的后腿。现在科研队伍大大削弱了，接不上了。一些科研人员打派仗，不务正业，少务正业，搞科研的很少。少数人秘密搞，像犯罪一样。陈景润就是秘密搞的。像这样一些世界上公认有水平的人，中国有一千个就了不得。说什么"白专"，只要对中华人民共和国有好处，比闹派性、拉后腿的人好得多。对他们应该爱护和赞扬。领导班子，特别要注意提拔有发展前途的人。对于那些一不懂行、二不热心、三有派性的人，为什么还让他们留在领导班子里？科研人员中有水平有知识的为什么不可以当所长？要给有培养前途的科技人员创造条件，关心他们，支持他们。要后继有人，这是对教育部门提出的问题。我们有个危机，可能发生在教育部门，把整个现代化水平拖住了。提高自动化水平，减少体力劳动，世界上发达国家不管是什么社会制度都是走这个道路。

虽然由于后来政治形势的变化，《科学院工作汇报提纲》没有正式印发，但它是在科技领域系统提出纠正"左"倾错误、恢复和建立正确政策的重要文件，这个文件实际上已不限于整顿的内容，在一些问题上很有远见地提出了改革科技工作的重要思想，为以后这方面的改革做了准备。

文艺整顿，更难、更复杂。围绕电影《创业》《海霞》的斗争，就是文艺整顿的一个缩影。《创业》是反映大庆石油工人艰苦创业的一部影片，拍成后，江青等人说这部片子有严重的政治问题，是"在政治上美化刘少奇"，因而被禁止放映，并遭到批判。编剧张天民给毛泽东写信，反映意见。1975年7月25日，毛泽东在张天民的信上批

1975年7月，遭到江青等人长期封杀的电影《创业》在全国放映

示："此片无大错，建议通过发行。不要求全责备。而且罪名有十条之多，太过分了，不利于调整党的文艺政策。""此信增发文化部及来信人所在单位。"《海霞》是关于海防前线女民兵的故事，同样因江青等人对该片"基调很坏""是黑线回潮代表作"的指责而禁映。毛泽东收到该片编导的信，批示："印发政治局各同志。"这两封信，都是邓小平转给毛泽东的。7月30日，邓小平还同李先念等在京政治局委员审看《海霞》，并请编导坐在身边讲解。最后，政治局做出决定，该片可以在全国上映。邓小平终于在"四人帮"控制下的文艺界打开了缺口。一时间，文艺舞台开始活跃起来，出现了"文化大革命"以来少有的春天气息。

当全面整顿进行到一定深度的时候，邓小平决定用文件的形式把改革的成果固定下来。他说，前一段解决铁路问题、钢铁问题，都是一个一个地解决，光这样不行，要通盘地研究。6月间，他提议国务院召开计划工作务虚会，集中研究怎样加快速度把国民经济搞上去，要求从指导思想到具体要求制定一个共同遵守的"条例"，探索国民经济持续快速发展的路子。

根据邓小平的意见，7月下旬到8月上旬，国务院接连开会6次，听取体制、钢铁、工业和企业管理、基本建设、机械工业、轻工农林商业等6个小组的汇报，并进行讨论。

8月18日，邓小平主持召开国务院会议对《关于加快工业发展的若干问题》初稿进行讨论。他就加快工业发展的几个关键问题谈了7点意见。

第一，确立以农业为基础、为农业服务的思想。工业支援农业，促进农业现代化，是工业的重大任务。农业现代化不单单是机械化，还包括应用和发展科学技术等。工业越发展，越要把农业放在第一位。

第二，引进新技术、新设备，扩大进出口。要争取多出口一点东西，换点高、精、尖的技术和设备回来，加速工业技术改造，提高劳动生产率。

第三，加强企业的科学研究工作。随着工业的发展，企业的科技人员数量应当越来越多，在全部职工中所占的比例应当越来越大。大厂要有自己独立的科研机构，小厂的科研可以由市里综合办，也可以由几个厂联合在一起搞。

第四，整顿企业管理。企业管理是一件大事，一定要认真抓好。要考虑今年十一、十二两个月集中整顿一下企业管理秩序，加强设备维修，为明年的生产打好基础。

第五，抓好产品质量。质量第一是个重大政策，提高产品质量是最大的节约。要想在国际市场上有竞争能力，必须在产品质量上狠下功夫。

第六，恢复和健全规章制度。关键是建立责任制，执行规章制度要"严"。要有一点精神，不要怕挨批判，不要怕犯错误。你不严，规章制度就恢复不起来，企业的混乱状况就无法改变。

第七，坚持按劳分配原则。这在社会主义建设中始终是一个很大的问题，大家都要动脑筋想一想。所谓物质鼓励，过去并不多。如果不管贡献大小、技术高低、能力强弱、劳动轻重，工资都是四五十块钱，表面上看来似乎大家是平等的，但实际上是不符合按劳分配原则的，这怎么能调动人们的积极性？

修改后的稿子从原来的14条增加为20条，简称《工业二十条》。这是在当时历史条件下对1961年制定的《工业七十条》的继承和发展，是指导工业全面整顿的一个重要文件。文件把采用先进技术、赶超世界先进水平和扩大进出口放到重要位置，在要求更好地发挥中央和地方两个积极性的前提下强调集中统一，对整顿企业、加快发展工业提出了一系列政策、措施。《工业二十条》虽然也未能形成正式文件下发，但客观上它的主要精神在实际工作中产生了积极的影响。

整顿全面推开的过程中，在邓小平直接领导下，1975年7月5日成立国务院政治研究室。国务院政治研究室一成立，便投入到全面整顿的工作中，在思想理论方面有力地配合了各个领域的整顿。按照邓小平的指示，政治研究室在建立之初，除了进行调查研究，收集文化、科学、教育、出版方面的情况以外,还要配合整顿,起草、撰写一些重要文件和文章。其中,政治研究室撰写的《论全党全国各项工作的总纲》(简称《论总纲》),就是一篇针对"四人帮"只讲"学习无产阶级专政理论",却不提毛泽东关于安定团结和把国民经济搞上去这两条指示而撰写的文章。

《论总纲》指出,要识破假马克思主义的政治骗子,"他们打着反修正主义的旗号搞修正主义,打着反复辟的旗号搞复辟,把党的好干部和先进模范人物打下台,篡夺一些地方和一些单位的领导权",热衷于拉山头,打派仗,长期纠缠于所谓这一派和那一派的斗争。文章指出,对"造反",就要看他是造哪一个阶级的反,是代表哪一个阶级在"造反"。对"反潮流",要看他是反什么性质的潮流,是反正确的潮流,还是反错误的潮流。"'大鸣、大放、大字报、大辩论',它们本身是没有阶级性的,无产阶级可以利用这些武器来反对资产阶级,资产阶级也可以利用它们来反对无产阶级。"

文章阐述了毛泽东把国民经济搞上去的指示,指出"我们一些同志至今还是用形而上学来对待政治和经济、革命和生产的关系","只讲政治,不讲经济,只讲革命,不讲生产,一听到要抓好生产,搞好经济建设,就给人家戴上'唯生产力论'的帽子,说人家搞修正主义。这种观点是根本站不住脚的"。文章提出"革命就是解放生产力,革命就是促进生产力的发展。我们中国共产党人,要对革命负责,也要对生产负责"。

《论总纲》文稿和《工业二十条》《科学院汇报提纲》构成1975年整顿中的三个著名文件。这三个文件为全面整顿的展开,从理论到具体方针政策上做好了准备。后来这三个文件稿在"批邓、反击右倾翻案风"运动中被"四人帮"批判为"三株大毒草"。邓小平后来说，"是香花，不是毒草"。

在全面整顿大见成效的形势下，邓小平提出要把整党作为中心环节，只有抓住了这个主要矛盾，整顿工作才能真正搞好。他指出：整顿的核心是党的整顿。只要抓住整党这个中心环节，各个方面的整顿就不难。整党主要放在整顿各级领导班子上，农村包括公社、大队一级的，工厂包括车间一级的，科研机构包括研究室一级的，这样解决问题比较快。领导班子整顿好了，党员的问题就容易解决了。

邓小平提出，要通过整党挑选干部，特别是选好基层组织的主要负责人；要建立强有力的县委，配备精干的县委书记；培养青年干部要经过各个台阶的锻炼；挑选领导干部，要看是否肯干，能否带头吃大苦耐大劳，是否有头脑。

邓小平对于加强马克思主义理论建设极为重视，提出了全面准确地学习、宣传、贯彻毛泽东思想问题。他指出：现在有一个很大的问题，就是怎样宣传毛泽东思想。毛泽东思想有丰富的内容，是完整的一套。林彪把毛泽东思想庸俗化，主张就学"老三篇"（后来加成"老五篇"），是割裂毛泽东思想。怎么能够只把"老三篇""老五篇"叫作毛泽东思想，而把毛泽东同志的其他著作都抛开呢？怎么能够抓住一两句话，一两个观点，就片面地进行宣传呢？割裂毛泽东思想这个问题，现在实际上并没有解决。比如文艺方针，毛泽东同志说，要古为今用，洋为中用，百花齐放，推陈出新。这是很完整的。可是，现在百花齐放不提了，没有了，这就是割裂。现在相当多的学校学生不读书，这也不符合毛泽东思想。毛泽东同志反对的是教育脱离实际、脱离群众、脱离劳动，并不是不要读书，而是要读得更好。还有，毛泽东同志讲了四个现代化，还讲过阶级斗争、生产斗争、科学实验是三项基本社会实践，现在却把科学实验割裂出来了，而且讲都怕讲，讲了就是罪，这怎么行呢？恐怕在相当多的领域里，都存在怎样全面学习、宣传、贯彻毛泽东思想的问题。毛泽东思想紧密联系着各个领域的实践，紧密联系着各个方面工作的方针、政策和方法，我们一定要全面地学习、宣传和实行，不能听到风就是雨。

历史的发展并不能完全遂人心愿。就在邓小平部署以整党为核心的全面整顿的时候，中国的政治天平却发生了不利于他的倾斜，一场"反击右倾翻案风"的运动即将发动起来。随后，邓小平再次受到批判，1975年的全面整顿也就此中断。

第三节 对外交流的新变化

1975年，邓小平在领导整顿的同时，还分工"主管外事"。一年中，他接待、会见、迎送来自世界30个国家（地区）以及国际组织的各种代表团或外宾，大大开拓了中国的对外关系。在对外交往中，邓小平根据不同对象，阐述和宣传关于"三个世界划分"的战略思想，对国际形势、苏美争霸、和平与战争等问题做出分析和判断。在外交上，邓小平坚定地捍卫国家主权和民族利益。

对于毛泽东关于"三个世界"划分的思想，在这段时间，邓小平是除毛泽东外，阐述得最多、最深刻的。他着重指出了"三个世界"

划分思想的必然性和重要战略意义。

3月1日，他在同刚果人民共和国总理洛佩斯会谈时指出：社会主义阵营已不再存在，两大阵营的概念已不合乎今天的实际。毛泽东主席经过多年对国际形势的观察，提出了三个世界的划分。去年4月联合国大会第六届特别会议上，由他之口把毛主席这个思想做了阐述。这是我们制定世界战略的出发点。

4月20日，他在同金日成率领的朝鲜党政代表团会谈时，进一步指出：过去所谓两个阵营是两个世界的概念，已不能反映现实了。阵营的划分是一个战略概念、战略估计，国际形势变了，就要用新的战略概念来代替过时的、不符合现实的概念。

10月8日，他在同南斯拉夫联邦执行委员会主席比耶迪奇会谈中，又对"三个世界"划分的思想，做了较集中的阐述，并且提出了第三世界国家同第二世界国家建立统一战线的问题。他说，毛泽东主席在最近几年仔细研究了国际形势的变化，提出了两个比较重要的看法：一个是世界战略的规定和力量划分问题，一个是对战争形势的估计问题。我们对三个世界划分的概念实际上也是我们对世界战略的规定，第一世界同第二世界的关系是复杂的，第二世界同第三世界的关系也是复杂的。但在反对两霸的斗争中，第三世界作为主力军在某些点上有同第二世界建立统一战线的基础。

1975年5月12日到17日，邓小平出访法国。这是自中华人民共和国成立以来，自1964年中法建交以来，中国国家领导人第一次对西方大国法国进行的正式国事访问。

邓小平的身份只是国务院副总理，但法国方面却给予了相当于国家最高领导人的外交礼遇。55年前，1920年10月，邓小平到法国勤工俭学，在法国生活了5年多。12日到达巴黎时，他在机场贵宾室致词时说，法国是他年轻时代曾经生活过的地方，法国人民的热情好客给他留下了深刻的印象。现在重游旧地，感到非常愉快。

访问法国期间，邓小平先后同法国总理希拉克、法国总统德斯坦举行会谈，就世界形势、反对霸权、维护独立、欧洲统一、建立国际经济新秩序等重要的国际问题及中法双边问题，进行了深入的讨论和交流。

会谈中，邓小平对法国在战后坚持捍卫和维护自己的独立，主张欧洲团结、反对苏美争霸的立场，表示赞赏，并指出这是中法发展关系的重要的共同点。他提出，正是"出于政治上考虑"，中国愿意在"同等优先"的原则下，同法国发展经济关系。他明确表示，中国政府支持第三世界国家"要求改变旧的经济秩序，建立一个合乎现在实际的新的经济秩序"的立场。

访法期间，邓小平还参观了法国的农场、工厂、核设施，游览了名胜古迹，加强了两国人民之间的相互了解，促进了两国在经济、文化、科学和技术等各方面更加密切的合作。

邓小平对法国的访问是一次令人瞩目的重大外交活动，也是一次推动第三世界国家与第二世界国家联合反霸的成功出访。访问结束回国后，5月21日，他致信毛泽东并中共中央报告访问法国的情况。信中说：我们根据毛主席的革命外交路线和战略部署，利用时机，多做工作，扩大了影响，增加了中法相互了解，推进了我们联合第二世界反对两霸的国际统一战线。

邓小平访问法国，受到法国人民的热烈欢迎

1975年12月，邓小平陪同来访的美国总统福特在首都机场检阅中国人民解放军仪仗队

当时，中美关系正常化还是障碍重重，最关键的是台湾问题。美国在台湾问题上仍然举棋不定，既想要中美关系正常化，又不想"抛弃老朋友"。在处理中美关系和台湾问题方面，邓小平既坚持原则立场，以我为主，又求同存异，耐心说服，促使美方接受中方的条件，使中美关系朝着逐步实现正常化的目标前进。

1974年11月26日至28日，邓小平在与美国国务卿兼总统国家安全事务助理基辛格会谈时，就已明确指出：解决中美关系正常化问题，只能采取"日本方式"，即美国同台湾断交、废约、撤军。台湾问题由中国人自己去解决，是中国的内政，用什么方式解决也是中国人自己的事。为了推进两国关系正常化，就是在这次会谈中，双方商定，美国总统福特将于1975年访华。

邓小平对福特访华十分重视，积极进行准备，通过各种途径与美国方面沟通，表明我方对解决中美关系正常化问题、特别是关键性的台湾问题的态度和立场。10月10日，他在会见美国美中人民友好协会全国指导委员会代表团时，又一次指出：现在阻碍中国同美国关系正常化的问题，就是一个台湾问题。要实现中美关系正常化，只有实现废约、撤军、断交三条。实现这三条，中美两国就可以建交。

10月19日至22日，基辛格到北京，为福特总统访华做准备。邓小平同他举行了四次会谈。

在会谈中，基辛格说中国针对苏联对外扩张提出的建立国际反霸统一战线的"一条线"战略是一种"极为僵硬的姿态"，提出"应公开采取灵活姿态"。邓小平认为美方考虑的"只是策略问题"，而"一条线"战略是一个战略问题、政治问题。在20日下午的会谈中,他指出:中美之间当然有双边问题,但更重要的是国际问题。对待国际问题,要从政治角度考虑,才能把问题看得更清楚,才能在某些方面达到协调。邓小平批评了基辛格提出的所谓"灵活姿态",认为灵活是要符合于战略要求的灵活,如果灵活得过分,就会使人们想到究竟这个战略是什么,而我们的态度是从不僵硬的。

22日下午,邓小平在同基辛格会谈中谈到关于福特访华中美联合公报的内容时,强调要坚持1972年在上海发表的《中美联合公报》的原则。他指出:重点在政治方面,这次访问从政治上可以体现出来。我们可以按照上海公报的原则在贸易和人员、文化交往等方面继续前进。我们双边关系中的重要问题是台湾问题,恐怕你们也没有准备拿出新的方案,如能重申上海公报的原则还是比较适当的。上海《中美联合公报》的原则,即"一个中国"的原则。邓小平此时提出坚持上海公报的原则,是为了避免美方在台湾问题上的政策和态度后退。这样提出问题也是合情合理的。当天,邓小平审阅了外交部报送的《中美联合公报》中方草案,并立即报送毛泽东。得到毛泽东同意后,即提交美方并由外交部部长乔冠华同基辛格磋商。

1975年12月1日下午,美国总统福特到达北京,对中国进行正式访问。邓小平同福特举行了三次会谈。

12月2日上午会谈中,邓小平向福特表达了中方既坚持原则又体现灵活性的求同存异的态度。他说:国际形势千变万化,我们两国虽然各自所处地位不同,但两国领导人相互接触、交换意见,总是有益处的。我们两国社会制度不同,理所当然地有许多分歧,但这不排除寻求共同点,不排除在上海公报的基础上寻求发展两国关系的途径。

双方可深入地交换意见，哪怕是分歧、吵架也没有关系。过去毛主席讲过，我们提倡小吵架、大团结。我们两国之间有许多共同点。

2日下午，邓小平陪同毛泽东会见福特及其夫人。福特向毛泽东表达了美国同中国协调行动反对苏联的扩张主义和改善美中双边关系、推进关系正常化的愿望。

3日上午、4日上午，邓小平同福特继续会谈。在福特表示美方打算在明年按"日本方式"实现中美关系正常化后，邓小平重申了按照"日本方式"实现两国关系正常化后台湾问题的处理原则。他明确指出：按照"日本方式"，也就是要实现我们所说的"断交、废约、撤军"三个原则，也意味着跟日本现在和台湾的关系一样，非官方的、民间的贸易关系还可以继续保持。有关台湾的其他问题，则要作为中国内部问题解决。

这次中美会谈取得了积极的、重要的成果。美方接受中方坚持的要求，即按"断交、废约、撤军"三原则解决台湾问题，并提出了中美建交的时间表。

这一时期，中日关系的进一步发展主要卡在《中日和平友好条约》关于反霸权主义条款的问题上。中日两国政府从1974年11月起，就签订《中日和平友好条约》进行谈判。一开始，日本对条约是否写上"反对霸权主义"条款犹豫不决。

邓小平采用以民间推动官方的策略，耐心细致地做日本各界工作。1975年1月20日，他在会见日本自由民主党众议员、前国务大臣保利茂时，主动提出这个问题。他指出，1972年中日两国政府签署的《联合声明》不可否定或者减弱，应该在《联合声明》的基础上贯彻和发展中日友好的方针。采取这个态度，政治上解决和平友好条约是不困难的。并指出，中日两国《联合声明》里就写了任何一方都不谋求霸权。在亚洲也好，在整个太平洋地区也好，都不谋求霸权。这是一个重要原则。我们两国尽管社会制度不同，但有了这一条，我们友好的基础就是牢固的，就可以建立牢固的信任关系。

4月16日上午，他在会见池田大作为团长的日本创价学会第三次访华团时，就《中日和平友好条约》反霸权主义条款的问题，十分集中而明确地谈了意见。他说，在《中日和平友好条约》中写进反对霸权主义的内容，含义有两点：一是中国和日本都不在亚洲、太平洋地区谋求霸权，都不搞霸权主义。我们中国愿意用这点来限制我们自己，中国承担了义务，不在亚太地区谋求霸权。日本承担在亚太地区不谋求霸权的责任，这是经过两次世界大战和近百年的历史总结出来的经验。由于长期的历史渊源，日本在亚太地区的形象是受了影响的。写上这一条，对日本改善同亚太地区国家的关系，不但是有益的，而且是必要的。二是反对任何国家、任何国家集团在这个地区谋求霸权的努力。现在确实有超级大国在这个地区谋求霸权。写上这一条不是干涉谁的内政，而是干涉它们的行动。要侵略、奴役、控制、欺负人家，这是应该干涉的。所以，这两点不应该成为我们签订和平友好条约的障碍。问题恐怕是究竟中日友好要建立在什么基础上，中日两国之间只是贸易和人员来往还不够，还要有政治基础，反霸条款是政治基础，所以我们很重视这个问题。希望日本政府拿出勇气，做出决断。

7月21日上午，他在会见日中记者会友好访华团时，就反霸权主义条款问题，表明了中方在原则上不让步的立场。他说，中日友好是大势所趋。现在中日两国关系的焦点就是和平友好条约,我们是希望早日签订的。关键在于是否写进反霸权条款,而在中日关系方面也始终还有一个台湾问题。我们总是把反对霸权当作一个原则,不能让步,因为它有实质的政治内容。

10月3日上午,他会见日本自由民主党众议员、前外相小坂善太郎和夫人,谈及签订《中日和平友好条约》问题,批评日本政府不能坚持中日《联合声明》的立场,不是从政治上考虑问题,而是搞外交手法。并指出:"看来,和平友好条约的事还是要民间推动。"小坂善太郎提出能否设想在霸权主义这个词的含义上解释,邓小平斩钉截铁地回答:不能从联合声明后退,任何解释实际上都是后退。

由于中方的坚持,并且在外交谈判之外还通过多种渠道对日本朝野做工作,以民间推动官方,《中日和平友好条约》最终写上"反霸权主义"条款,于1978年8月12日在北京签订。中日友好关系进入了一个新的发展阶段。

第四节 提出"三项指示为纲"

在领导工业交通战线整顿的过程中,邓小平针对全国各方面的工作和各条战线,创造性地提出"三项指示为纲"的指导思想。"三项指示为纲",是邓小平在特定的历史条件下根据毛泽东几次讲话精神归纳出来的。

1974年7月至1975年1月,毛泽东在不同场合、针对某些问题,先后做出了"还是安定团结为好""学习理论,反修防修""把国民经济搞上去"的指示。这三项指示是毛泽东对"文化大革命"所造成的严峻形势深入反思后提出来的。发动"文化大革命",从毛泽东的主观愿望来说,是为了防止中国共产党变质变色,防止和反对党内特别是领导层出现修正主义,维护和发展中国社会主义制度,希望通过群众运动和阶级斗争的方式,实现"天下大乱,达到天下大治"的目标,保证中国社会主义事业顺利发展。但是,基于对形势的错误判断和错误的理论指导而发动的"文化大革命",显然没有,当然也不可能实现毛泽东的愿望,相反却造成了严重的社会混乱和政治经济形势的恶化。1970年至1971年间发生的林彪事件,客观上宣告了"文化大革命"的理论和实践的失败。这是毛泽东探索中国社会主义道路遭到的严重挫折。

对此,毛泽东进行了深刻反思,采取一系列重要措施,着力纠正"文化大革命"造成的混乱局面。在他的支持下,由周恩来主持领导的批判极左思潮、纠正"文化大革命"错误的努力取得初步成效,国内局势逐步好转。但随着"批林批孔"运动的开展,社会再次动荡,经济严重下滑,"文化大革命"遭到前所未有的质疑。在此情况下,毛泽东抱着对党和国家前途命运的深层忧虑,希望尽快结束这种状态。他说:"无产阶级文化大革命,已经八年。现在,以安定为好。全党全军要团结。"毛泽东希望通过对政治、经济、军队、思想文化等方面的调整或整顿,纠正某些错误和偏差,以期在不触动"文化大革命"基本理论和实践的前提下,实现政治上安定团结,经济上快速发展。

在毛泽东做出的三项指示中,"学习无产阶级专政理论"这项任务是交给"四人帮"去落实的,他要求"春桥、文元把列宁著作中好几处提到这个问题的找出来","春桥写这类文章"。按照毛泽东的本意,学习理论的主要出发点还是"反修防修",防止中国出现"资本主义复辟"。"四人帮"却把学习理论当作各项工作的纲,提出"全面专政论",进一步强化了以阶级斗争为纲的"左"倾错误思想。他们打着毛泽东的旗号,并控制着舆论宣传工具,对全面整顿造成了很大的障碍。邓小平领导的整顿工作虽然也有毛泽东的旗号和支持,但缺少理论依据。加强舆论宣传工作,提出一个能为全党接受的理论纲领,是邓小平同"四人帮"斗争、更是把整顿继续推向前进的迫切需要。"三项指示为纲"正是在这种情况下提出来的。

1975年5月29日,在全国钢铁工业座谈会上,邓小平针对"四人帮"只讲毛泽东关于理论问题的指示,却不提毛泽东关于安定团结和把国民经济搞上去这两条指示的情况,明确地把三项指示联系在一起作为全党工作的总纲。他说,毛主席最近三条重要指示,一条是关于理论问题的重要指示,要反修防修,再一条是关于安定团结的指示,还有一条把国民经济搞上去的指示。这就是我们今后一个时期各项工作的纲。这三条重要指示是互相联系的,不能分割的,一条都不能忘记。

7月4日,在对中央读书班第四期学员的讲话中,邓小平再次强调"三项指示为纲",概括得更为明确。他说:"前一个时期,毛泽东同志有三条重要指示:第一,要学习理论,反修防修;第二,要安定团结;第三,要把国民经济搞上去。这三条指示互相联系,是个整体,不能丢掉任何一条。这是我们这一时期工作的纲。"

把毛泽东在不同时间、不同场合说过的三个方面的要求联系在一起并上升为"纲",这是邓小平的一个创造和明智之举。其中,"学习理论,反修防修"是毛泽东一贯强调的以阶级斗争为纲的应有之义,要害在于邓小平把后两项指示也提升到"纲"的高度,而"要安定团结"和"要把国民经济搞上去"顺应了党内外广大干部群众久乱思治的强烈愿望,把它们与"学习理论,反修防修"的指示集中在一起作为全党全国的行动纲领,就能起到凝心聚力的作用。同时,邓小平以"三项指示为纲"来开展整顿,"四人帮"很难明目张胆地反对,还可以对"四人帮"破坏安定团结和经济建设的行为提供批评的依据,在斗争中占据了主动。"三项指示为纲"提出后,很快成为开展全面整顿的有力武器。

在"三项指示为纲"中,邓小平虽然把"学习理论,反修防修"放在第一项,但与"四人帮"不同,他强调学习理论要联系实际,要同发展国民经济的大局相结合,重点是反对资产阶级派性,实现安定团结,把生产搞上去。

时任铁道部部长万里回忆说:"那个时候的斗争是很复杂的。我们这些人也还是不能不举着'阶级斗争为纲''三项指示为纲'这样的旗帜","我所讲的阶级斗争,与'四人帮'所宣扬的阶级斗争含义不同,对象不同,立场更不同,是对着那些打砸抢的,对着那些造反派头头的"。

王洪文后来在写给毛泽东的告状信中说:"主席指示政治局要抓理论学习,小平却主张学习理论、安定团结和生产问题并列,不同意统帅、被统帅的提法。"

在"文化大革命"还没有结束,无产阶级专政下继续革命的理论还占据主导地位的情况下，把安定团结和经济建设放到与阶级斗争同等重要的位置上，提出"三项指示为纲"，对经济发展给予"文化大革命"以来从未有过的重视，实际上改变了长期以来以阶级斗争为纲的政治路线。

在"三项指示为纲"中，邓小平虽然强调三项指示是一个"不能分割"的"整体"，"不能丢掉任何一条"，并把学习理论反修防修放在第一条，但他特别突出强调的是"把国民经济搞上去"这个重点。

1975年3月5日，邓小平在工业书记会上说："现在学习毛主席关于理论问题的指示，限制资产阶级法权，也要有个物质基础，不然怎么过渡到共产主义？各取所需，是要有丰富的物质基础嘛。这同'唯生产力论'是两回事。"

5月21日，在国务院办公会议上，他进一步强调："搞社会主义建设，不能不搞生产，不能不搞科学技术。""我们总是要把革命和生产都搞得好才行。"

6月12日，他在上海同该市负责人马天水谈话时指出："中国这么多人口，国民经济搞不上去怎么行？我们一定要搞上去。"又说："现在把什么都说成是资产阶级法权。多劳多得是应该的嘛，也叫资产阶级法权吗？搞生产究竟应当用什么东西作为动力？"

9月7日，他在中国工会九大的筹备工作报告上批示："工会不能光谈抓阶级斗争，对生产、生活福利还是要抓。不能因为批了唯生产力论，就不敢抓生产了。不要因为批了福利，工会以后对职工生活就不管了。"

在一系列讲话、谈话、批示中，邓小平把经济建设提到了政治高度，实际上是否定了那种政治运动高于一切、以"革命"冲击生产的错误做法。

时任浙江省委书记铁瑛回忆说："'四人帮'拼命喊着'破除资产阶级法权''反修防修'等口号，煽动着'学习无产阶级专政理论'的运动，主持实际工作的小平同志不理睬那一套，始终强调着一个中心，把国民经济搞上去！记得当时读到小平同志在各省、区、市主管工业的书记会议上的讲话：'听说现在有的同志只敢抓革命，不敢抓生产，说什么抓革命保险、抓生产危险。这是大错特错的。'听后倍感鼓舞！"[1]

从反面看，也能证明这一点。整顿后期，毛远新曾对毛泽东说："我很注意小平同志的讲话，我感到一个问题，他很少讲'文化大革命'的成绩。""'三项指示为纲'，其实只剩下一项指示，即生产上去了。"受到批判后，"'批邓'文章集中火力攻击邓小平同志的'以三项指示为纲'是'复辟纲领'"，也说明了"转移工作重点"斗争的艰难。

胡乔木后来曾把"三项指示为纲"同新时期党的基本路线联系起来，他认为邓小平"把侧重点放在安定团结和把国民经济搞上去上面"，实际上"已经提到一个中心，一个基本点。另一个基本点改革开放当时还不可能提出来，只能叫整顿"。

邓小平主持的以"三项指示为纲"的全面整顿，是1972年前后批判极左思潮和无政府主义在新的情况下的继续和发展，他的广度和

---

1 中共中央文献研究室.回忆邓小平（上册）[M].北京:中央文献出版社,1998.287页

113 / 第三章　试验——1975年整顿

1974年11月，邓小平和毛泽东握手

1975年，邓小平与毛泽东在一起

深度大大超过前者，锋芒不但直指"四人帮"乱党乱国的罪行，而且包括了对"文化大革命"错误的纠正。

但就毛泽东来说，把"三项指示为纲"作为全部工作的指导思想，是并不为他所认可的。他后来就说"阶级斗争是纲，其余都是目"。整顿起初是在毛泽东的支持下进行的，他很希望安定团结，很希望把国民经济搞上去，但绝不容许否定"文化大革命"的理论和实践。整顿也是毛泽东首先提出的，但他所说的整顿，只能是"保卫无产阶级文化大革命成果"的"整顿"。当整顿朝着与此相悖的方向发展时，毛泽东的"天平"倾斜的转换就不可避免了。

对邓小平的才干，毛泽东是欣赏的。林彪事件后为了重新起用他，毛泽东说了很多好话，认为他政治思想强、人才难得、会打仗反修，赏识并给予了很高的期望，把全面主持中央工作的大权交给了他。在1975年整顿的过程中，虽然"四人帮"不断地反对和从中作梗，毛泽东采取的态度一直是节制"四人帮"，支持邓小平。但当毛泽东确认整顿是对"文化大革命"的全面否定，"三项指示为纲"的实质是要替代阶级斗争为纲，而寄希望于"再给邓小平一个机会，让他改变观点"又未果时，毛泽东只能终结邓小平主导的全面整顿了。他批评说："小平提出'三项指示为纲'，不和政治局研究，在国务院也不商量，也不报告我，就那么讲。他这个人是不抓阶级斗争的，历来不提这个纲。还是'白猫、黑猫'啊，不管是帝国主义还是马克思主义。他不懂马列，代表资产阶级。"

1975年整顿中断的命运是不可避免的。在肯定还是否定"文化大革命"，在以"学习理论，反修防修"为中心还是以"要把国民经济搞上去"为中心，进一步说是以阶级斗争为纲还是以经济建设为中心，毛泽东和邓小平确有矛盾和重大分歧。1975年底，受到批判的邓小平在中央政治局会议上做检讨发言时说："检查原因，最主要、最根本的，是对'文化大革命'的态度问题。'桃花源中人'，八年未工作，不是主要原因，主要原因是思想认识问题。"

在以"三项指示为纲"思想指导下的1975年的整顿，可以说是在"文化大革命"还没有结束的条件下试图把工作重点转向经济建设的一次努力，是党由阶级斗争高于一切朝着务实方向转变的重要实践，也为后来的工作重心转移奠定了一定的思想基础。

第四章 准备——各方面的拨乱反正

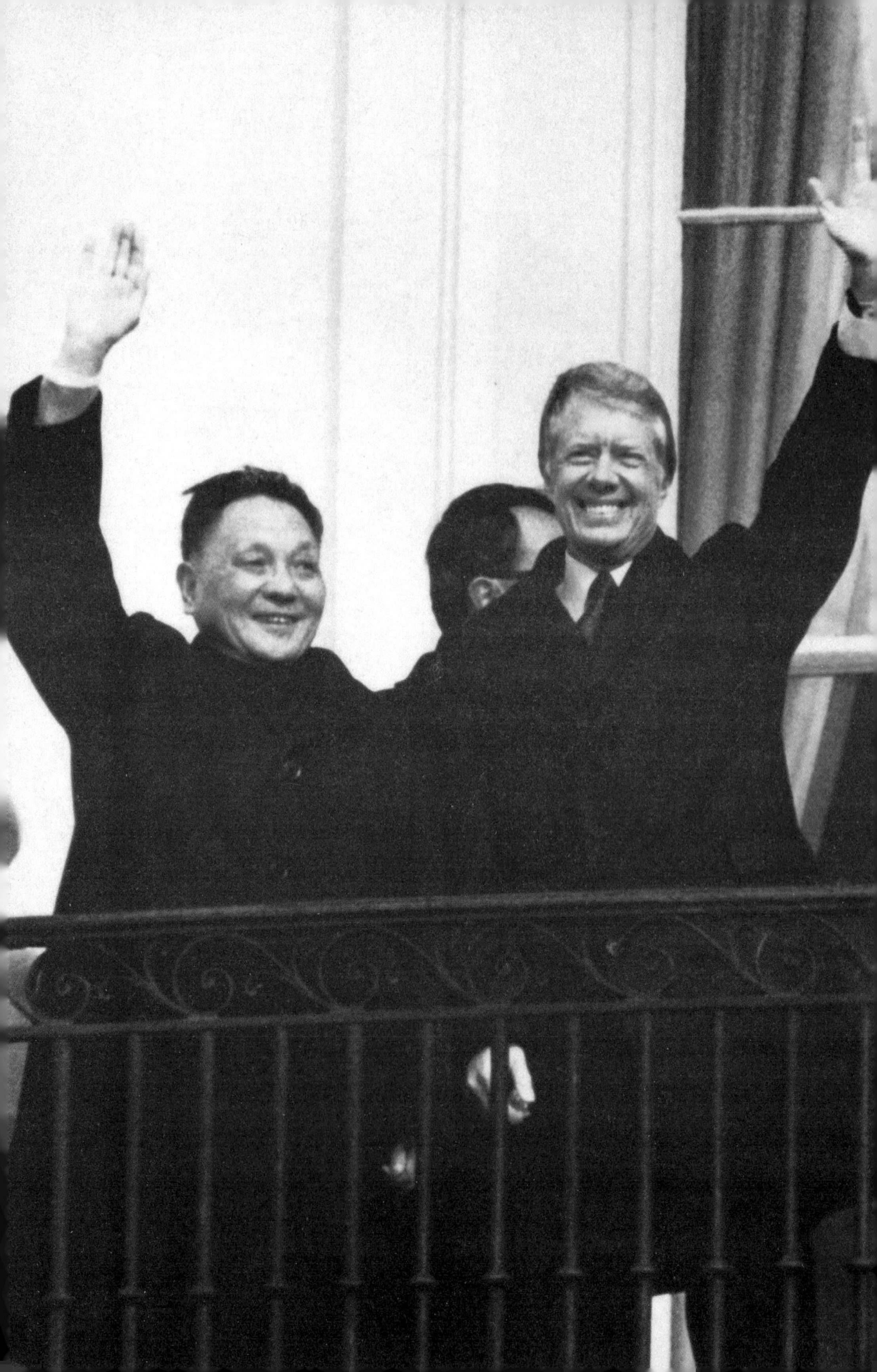

1982年9月18日，邓小平陪同朝鲜劳动党中央委员会总书记金日成赴四川访问。在专列上，两人进行单独会谈。这是邓小平与金日成之间所独有的方式。

金日成是邓小平的老朋友了。用邓小平的话说："我们之间相互了解是最深的。"从50年代调到中央工作开始，邓小平和金日成有过多次交往。1975年4月，金日成访问中国时，毛泽东指着当时主持中央日常工作的邓小平对金日成说："今后有事，你就找小平谈。"

邓小平曾先后访问过朝鲜。1978年9月邓小平访问朝鲜时，对金日成说："今后两国领导人应常来常往"，这是"朋友之间的往来"，"到时我陪主席去你没有去过的地方"。

这次是在中共十二大开过不久，金日成应邓小平的邀请来中国访问。邓小平履行诺言，陪同金日成去自己的家乡四川参观访问。

邓小平向金日成介绍了中国国内的情况。他重点讲了两个问题。

一是思想路线问题。邓小平说："我是在粉碎'四人帮'之后的9个月，即1977年7月才出来工作的，到那时我才能参加中央的会议。我出来以后，提出毛泽东思想的精髓是实事求是，从此开始了实践是检验真理的唯一标准问题的讨论。当时有一些人抵制这个讨论。1978年6月我在全军政治工作会议上讲了一篇话。以后我从你们那里访问回来，在东北三省沿途又讲这个思想路线问题。""只有解决好思想路线问题，才能提出新的正确政策。"

二是党的工作重点转移问题。邓小平说："我在东北三省到处说，要一心一意搞建设。国家这么大，这么穷，不努力发展生产，日子怎么过？我们人民的生活如此困难，怎么体现出社会主义的优越性？""因此，我强调提出，要迅速地坚决地把工作重点转移到经济建设上来。"

这是邓小平对党的十一届三中全会召开前那段历史的重要回顾。

第一节　历史再次选择了邓小平

1976年10月6日，是中华人民共和国历史上一个特别令人难以忘怀的日子。这一天，"四人帮"被一举粉碎了。

第二天，邓小平得知了这一喜讯。据他女儿邓榕回忆，听说"四人帮"被粉碎，邓小平不禁激动万分，连手中拿着的烟头也"轻微地颤动"起来。

10月10日，当消息得到进一步的证实后，邓小平写信给汪东兴并转华国锋和党中央，对华国锋任中共中央主席和中共中央军委主席表示坚决拥护，对党中央一举粉碎"四人帮"的果断行动表示坚决支持。信中写道："最近这场反对野心家、阴谋家篡党夺权的斗争，是在伟大领袖毛主席逝世后这样一个关键时刻紧接着发生的，以国锋同志为首的党中央，战胜了这批坏蛋，取得了伟大的胜利。""这是巩固党的伟大事业的胜利。"

粉碎"四人帮"后不久，担任中共中央副主席的叶剑英就郑重提出，应当尽快让邓小平出来工作。他在一次中央政治局会议上说："我建议让小平出来工作，我们在座的同志总不会害怕他吧？他参加了政治局，恢复了工作，总不会跟我们挑剔吧？"李先念马上表态："同意！应该让小平同志尽快地出来工作。"

但是，邓小平的政治命运并没有立即得到改变。当时，中央还要求全国各地在揭批"四人帮"的同时，继续"批邓、反击右倾翻案风"。

12月9日，邓小平因病住进中国人民解放军总医院。14日，在叶剑英等人的努力下，中央做出决定，恢复让邓小平看文件。此时，党内和社会上要求邓小平复出的呼声越来越高。

党内许多老同志，如徐向前、聂荣臻、宋任穷、余秋里等，不顾邓小平尚处于政治隔离的现实，纷纷前往探视，以此向中央表达他们对邓小平复出的关注以及鲜明的态度。

1977年1月底，根据叶剑英的提议，华国锋、叶剑英、李先念、汪东兴把正在住院的邓小平接到玉泉山，向他通报中央粉碎"四人帮"的情况及在全国采取的一些措施。2月3日，邓小平一出院，叶剑英就亲自安排邓小平住进北京西山中央军委一个住处的25号楼。此后，叶剑英几次派车接邓小平到家中或他在军事科学院的办公室长谈。

3月，中共中央召开工作会议。会前，叶剑英对华国锋的讲话稿提了两条意见：一是天安门事件是冤案，要平反；二是对邓小平的评价，应把提法改变一下，为他重新出来工作创造有利条件。

3月13日，陈云向会议提交了书面发言，呼吁为了中国革命和中国共产党的需要，应该让邓小平重新参加党中央的领导工作。

王震也在会上对阻挠为天安门事件平反、阻挠邓小平复出的做法大加抨击。王震说："邓小平政治思想强，人才难得，这是毛主席讲的，周总理传达的。1975年，他主持中共中央和国务院的工作，取得了巨大的成绩。他是同"四人帮"做斗争的先锋。"

陈云、王震等老一辈无产阶级革命家再次提出应该尽快恢复邓小平的领导职务问题，得到了党内大多数同志的支持。

面对党内外日益强大的呼声，3月14日，华国锋在会上说，在适当的时机让邓小平出来工作，但是要有步骤，要有一个过程，做到"瓜熟蒂落，水到渠成"。中央政治局的意见是，经过党的十届三中全会和党的第十一次代表大会正式做出决定，这样做比较适当。

4月10日，经过反复考虑，邓小平给党中央写了一封信。在信中，邓小平对中央关心的一些问题表明了自己的态度："我感谢中央弄清了我同天安门事件没有关系这件事，我特别高兴，在华主席的讲话中，肯定了广大群众去年清明节在天安门的活动是合乎情理的。至于我个人的工作，做什么，什么时机开始工作为宜，完全听从中央的考虑和安排。""如果中央认为恰当，我建议将我这封信，连同去年10月10日的信，印发党内。"

5月3日，中共中央向全党转发了邓小平的两封信。至此，邓小平复出工作已经没有什么阻力了。

中国共产党是有着远大理想和崇高追求的马克思主义政党。回望历史，中国共产党人带领人民不懈奋斗的脚步，经历了革命、建设和改革三个大的历史时期。在新民主主义革命时期，成千上万的烈士为实践信仰献出了宝贵生命，实现了民族独立、人民解放、国家统一和社会安定，建立了中华人民共和国。在热火朝天的社会主义革命和建设时期，为了改变贫穷落后的社会面貌，中国共产党人带领人民在信仰的旗帜上，书写了一个又一个传奇，从而极大地推动了中国的发展进步。党带领人民在进行新民主主义革命和建设社会主义的实践中，有成功也有失误，甚至发生过严重曲折。

作为一名久经考验的共产主义战士，邓小平一生同中国共产党、中国人民解放军、中华人民共和国创建和发展的历史进程紧紧相连，同中国革命、建设、改革的历史进程紧紧相连，同中华民族抗争、独立、振兴的历史进程紧紧相连。他在青年时代就确立了正确的理想，确立了为理想奋斗到底的坚定信念。1926年初，在莫斯科中山大学学习的邓小平在自传中写下的这段话，表达了他坚定的信念："我来莫（斯科）的时候，便已打定主意，更坚决地把我的身子交给我们的党，交给本阶级。从此以后，我愿意绝对地受党的训练，听党的指挥，始终为无产阶级的利益而争斗！"他用一生践行了他的诺言。

从某种程度上说，正是由于党在探索革命和建设道路的过程中所经历的严重曲折，使得邓小平三次被打倒，但又三次奇迹般地复出。邓小平一生"三落三起"的非凡经历，为他的坚定信念做了最好的注解。他三次被错误打倒，每次都蒙受巨大冤屈，但每次都不动摇不消沉，无怨无悔，无私无畏执着于自己的理想追求，对党和人民无限忠诚。

1977年7月，中共十届三中全会一致通过决议，恢复邓小平中共中央副主席、中央军委副主席兼中国人民解放军总参谋长、国务院第一副总理的职务。此时，邓小平已经73岁了，有着53年党龄。半个多世纪过去了，他仍然初心不改，使命在肩，历久弥坚。面对全会的

1977年7月,中共十届三中全会在北京举行。全会一致通过《关于恢复邓小平同志职务的决议》。图为这次全会的会场

热烈掌声和全体中央委员的厚望,他动情地说:"作为一名老的共产党员,还能在不多的余年里为党、为国家、为人民做一点力所能及的事情,在我个人来说是高兴的。出来工作,可以有两种态度,一个是做官,一个是做点工作。我想,谁叫你当共产党人呢,既然当了,就不能够做官,不能够有私心杂念,不能够有别的选择,应该老老实实地履行党员的责任,听从党的安排。"

人们对邓小平辉煌而富有传奇色彩的革命生涯充满好奇。不少来华访问的外国客人会问他为什么能够历经磨难而不倒。邓小平总是淡然地说:"我能在被打倒后的极其困难的情况下坚持下来,没有什么秘诀,因为我是共产主义者,乐观,也是一个乐观主义者。"他还说,即便处境最困难的时候,他也总相信问题是能够解决的,相信自己的信念总会实现的。这是一位坚定的共产党人的完美回答。支撑邓小平能够走过来的根本动力,就是信念的力量,是对党和人民事业的忠诚。

历史告诉我们,在中国这样的社会历史条件下建设社会主义,没有先例，犹如攀登一座人迹未至的高山，一切攀登者都要披荆斩棘，开通道路。在当时的条件下，共产党人没有经验可循，从理论到实践，只能摸索着尽最大努力去做，去问，去学，去创造。有些方面做得很好，成效令人称奇。有些方面没有做好，或在实践中没能够坚持和落实，或在理论认识上就发生了偏差，以致发生"文化大革命"这样全局性的、长时间的错误。为此，毛泽东曾感慨地说："建设比革命更困难。"邓小平也说："我是犯了不少错误的，包括毛泽东同志犯的有些错误，我也有份。"

时代是出卷人，共产党人是答卷人。"文化大革命"结束后，中国面对的问题之多，难度之大，是罕见的。虽然我国的社会主义建设取得了很大成就，但国民经济濒临崩溃边缘，人民群众生活依然贫困。贫穷是当时中国社会的主要矛盾。环顾全球，当时世界经济、科技快速发展，我国的发展与国际先进水平的差距明显拉大。毛泽东、周恩来逝世后，新一代中国共产党人要做出他们的回答。

在长期的革命实践中，邓小平的伟大业绩和他在斗争中所表现出来的智慧和风骨，赢得了党心、军心、民心。毛泽东逝世之后，他无疑是党内政治经验最丰富、领导水平最出众的领袖人物，党和人民都迫切地希望他能够尽快地带领中华民族找到一条新的发展道路。他16岁留法勤工俭学，很早就接触了先进的工业文明，也亲身感受到资本主义的残酷和种种弊端。他是一位军人，为新中国的诞生立下过赫赫战功。他是以毛泽东为核心的第一代中央领导集体的重要成员，担任党中央总书记长达10年，是毛泽东的重要助手。他身处最高决策层，经历了社会主义革命和建设的成功与曲折，深谙探索的艰辛和其中的经验教训。长期革命斗争锤炼出的革命品格、积累的丰富经验，以及在党内形成的威望，使他能够在历史转折的重大关头承担起领导改革开放和现代化建设的重任，终于开创了一条中国特色社会主义成功道路。历史为中国的改革开放和现代化建设准备了一个邓小平。有这样的伟人，是国家之大幸、人民之大幸、民族之大幸。

第二节　恢复高考成为拨乱反正的突破口

1977年，邓小平一复出就自告奋勇管科教工作。管科学、教育，看起来并不起眼，权力不大，位置也不重要。邓小平在"文化大革命"前担任过整整10年中共中央总书记，"文化大革命"后期主持过中央党政军全面日常工作。与1973年的第二次复出不同，他这次复出不单是出来工作，而是恢复1975年担任的全部职务。这时的中央最高领导层，政治局常委只有三人：华国锋、叶剑英、邓小平。邓小平是党内排名第三的领导人。面对艰难的再次复出，他为何选择分管并不起眼的科教工作？

做出这个选择，一是邓小平没有"私心杂念"，要"做点工作"；二是他有着自己独特的考虑。新中国成立以来，在历次政治运动的冲击中，首当其冲的往往是知识分子。聚集了大批知识分子的科技教育界，也被视为问题最多，受所谓"资本主义、修正主义毒害最深"的战线，是重灾区。1971年8月13日，经毛泽东批示同意的《全国教育工作会议纪要》由中共中央转发全国。《纪要》宣称：在1966年"文化大革命"开始以前的17年里，教育战线是资产阶级专了无产阶级的政,是"黑线专政";大多数知识分子的世界观基本上是资产阶级的,是资产阶级知识分子。这是套在广大科教工作者身上沉重的精神枷锁。

"文化大革命"给我国的科教事业造成了深重灾难。到了20世纪70年代中后期,同发达国家相比,中国的科学技术和教育的总体水平落后了,出现了令人痛心的知识断层。在1975年主持中央全面工作时,邓小平就提出了要重视科技、教育的思想,制定了一些恢复和发展科技、教育的措施。他曾批评当时的教育现状:"要后继有人,这是对教育部门提出的问题。大学究竟起什么作用?培养什么人?有些大学只是中等技术学校水平,何必办成大学?""一点外语知识、数理化知识也没有,还攀什么高峰?中峰也不行,低峰还有问题。我们有个危机,可能发生在教育部门,把整个现代化水平拖住了。"但科教战线的整顿刚刚起步,就被打断了。

"文化大革命"结束后,中央重新提出在20世纪末实现四个现代化,但各行各业的人才匮乏成为"四化"建设的最大制约,以至于很多科研机构中没有25岁至30岁的科研人员。这种局面很大程度上是由于教育问题造成的。怎么办教育,成为全社会关注的焦点之一。也许是痛感于此,邓小平把拨乱反正的突破口选择在教育和科学技术方面。他说:"我知道科学、教育是难搞的,但是我自告奋勇来抓。不抓科学、教育,'四个现代化'就没有希望,就成为一句空话。"

上任伊始,为了真实地掌握教育和科学工作的现实和状况,邓小平提议开一个科学和教育工作座谈会。他特别嘱托参加会议的人员应该是一些敢说话、有见解的,在自然科学方面有才学的,与"四人帮"

没有牵连的人。

座谈会开始于1977年8月4日。这一天，上午8点30分，邓小平身穿白衬衣、绿军裤、黑布鞋，迈着稳健的步伐来到设在人民大会堂的会场。他一入场，就操着一口浓重的四川口音亲切地对大家说："同志们，我自告奋勇地管科学和教育，中央也同意了。赶超从何处着手呢？就从科学和教育着手，听听大家的意见，向大家学习。外行管内行，总得要学才行。"短短的几句话，使在座的科学家和教授们激动万分。在那"知识越多越反动"的岁月里，有谁真正关心过他们的疾苦，听取过他们的心声？今天，在"文化大革命"中同样遭遇过不幸的邓小平就坐在他们中间，是那么平易近人，那么理解知识分子，他们有什么话不能说呢？

从8月4日至8日，作为中共中央副主席和国务院第一副总理，邓小平用五天时间与专家学者们真诚座谈，共商振兴科学教育大计，实属难得。这次会议全面探讨了教育制度的恢复、体制和机构的调整、知识分子的待遇等科学教育战线的重大问题，邓小平的谈话、插话，特别是总结讲话切中时弊，抓住了要害，在科教工作战线引起了很大的震动，为随后开展的拨乱反正和科学教育领域改革指出了方向。

座谈会上，关于高等学校招生制度问题是意见很大、反映比较集中的一个问题。此时，高等院校招生考试制度已中断了10年。"文化大革命"中上大学取消了文化考试，基本上靠推荐。1975年邓小平主持全面整顿时，曾尝试做改变，提出先搞一些试点，通过考试直接从高中生中选拔一批优秀学生到大学深造，但不久他又被打倒没能实现。在1977年复出前后，邓小平思考比较多的，一是高校招生要恢复文化考试制度，二是提倡高校招生"两条腿"走路，允许高中毕业生直接上大学。5月，他就指出："要经过严格考试，把最优秀的人集中在重点中学和大学。"到了7月，他讲得更加明确："不管招多少大学生，一定要考试，考试不合格不能要。""大学要从工农兵中招生，重点学校可以从应届高中毕业生中招。"他认为重中之重还是要直接招生，尽快培养一批人来。

任何改革或恢复都需要时间，不可能一蹴而就。1977年六七月召开的全国高等院校招生工作会议，确定的1977年高校招生方案基本上还是延续"文化大革命"中的办法。邓小平最初的考虑，1977年用1年的时间做准备，1978年正式恢复考试制度，生源一半是应届高中毕业生，一半来自社会，然后逐步走向正轨。所以他起先同意1977年按原来的办法招生。8月4日，也就是科教座谈会开始的那一天，教育部将关于招生方案的报告正式送达国务院。显然，招生制度改革的实施并没有包括1977年。

座谈会的前几天，邓小平反复阐述了他的想法：从1978年开始执行新的教育制度。今年做准备，把学制、教材、教师、学生来源、招生制度、考试制度、考核制度等都确定下来，都要搞好。搞好后就不要经常变动了。他还反复问大家一年准备来得及吗，他是真正来听大家意见的，而不是说他已经有了什么主见，要怎么样就怎么样的。

出乎意料的是，就在8月6日的座谈会上，事情发生了重大转机。在邓小平的启发下，武汉大学化学系副教授查全性鼓起勇气率先提出，现在大学新生质量没有保证，主要矛盾还是招生制度。不是没有合格的人才可以招收，而是现行制度招不到合格的人才。他建议立即恢复高考，他说，一定要当机立断，只争朝夕，今年能办的就不要拖到明年去办。他的发言引起与会者强烈共鸣。吴文俊、王大珩等也纷纷建议党中央、国务院下大决心，对现行招生制度来一个大的改革，宁可今年招生晚两个月，不然，又招来20多万人，好多不合格的，浪费损失可就大了。

听到这里，邓小平马上问教育部的负责人今年就恢复高考是否来得及。当得到回答推迟招生还来得及时，邓小平当即果断拍板："改变现行招生办法，既然今年还有时间，那就坚决改嘛。"因招生报告已报国务院，他毫不犹豫地说，把原来写的招生报告收回来，根据大家的意见重写，不要耽误。8月8日是座谈会的最后一天，他再次明确宣布："今年就要下决心恢复从高中毕业生中直接招考学生，不要再搞群众推荐。"

座谈会后，教育部根据邓小平的意见，立即进行研究，很快起草形成了《关于推迟招生和新生开学时间的请示报告》，重新报送国务院。8月18日，邓小平将这份报告批送其他中央领导人，并写下批语："这是经过考虑，为了保证重点大学学生质量而商定的。拟同意。"当天，华国锋等均圈阅同意，1977年恢复高考已基本确定。但接下来的推进过程并不如想象的那么容易。如果没有邓小平的进一步推动，即使中央领导层达成共识，1977年高校招生恢复考试制度也还是办不到的。

8月13日起，教育部在北京召开1977年第二次全国高校招生工作会议。在要不要废止群众推荐等问题上，与会者分歧很大，一时间争执不下，议而不决，以致会议从仲夏开到了中秋。有人写了一首打油诗："招生会议两度开，众说纷纭难编排。虽说东风强有力，玉（育）门紧闭吹不开。"

听到这一情况，9月19日，邓小平召集教育部负责人谈话，提出尖锐批评："你们要放手去抓，大胆去抓，要独立思考，不要东看看，西看看。把问题弄清楚，该怎么办就怎么办。该自己解决的问题，自己解决；解决不了的，报告中央。教育方面的问题成堆，必须理出个头绪来。现在群众劲头起来了，教育部不要成为阻力。教育部首要的问题是要思想一致。赞成中央方针的，就干；不赞成的，就改行。"同时他敦促教育部，招生会议要尽快结束，招生文件继续修改，尽可能简化，早点搞出来。他最后强调："拨乱反正，语言要明确，含糊其词不行，解决不了问题。办事要快，不要拖。"在他的强有力的直接推动下，几天后招生工作会议就结束了，关于1977年恢复高考的新的招生文件即《关于一九七七年高等学校招生工作的意见》基本定稿。该文件全面废止"文化大革命"中推行的一套招生办法，恢复了"文化大革命"前行之有效的招生政策、办法，并根据实际情况，加以改进。

接下来，又是邓小平特有的高效办事节奏和担当精神促成了该招生文件的尽快出台。10月3日，邓小平在批转招生文件时这样写道："此事较急，请审阅后，批印政治局会议讨论批准。建议近几日内开一次政治局会议。"两天后，中央政治局讨论并通过了这个文件。之后，文件又经邓小平亲自指导修改，于10月12日由国务院正式转发。文件明确规定，从1977年起，高等学校招生制度进行改革，恢复统一考试、择优录取的招生制度。

至此，恢复高考终于尘埃落定。一个多月后，570万热血青年怀

1978年3月,全国科学大会在北京举行。图为邓小平同数学家陈景润握手

1978年8月,邓小平主持召开科学和教育工作座谈会。图为座谈会会场

1977年8月，邓小平会见美籍华人物理学家丁肇中

揣着对美好明天的希冀步入考场。1978年3月中旬，全国恢复高考后的首届27万新生陆续步入大学校园。在同期召开的全国科学大会开幕式上，邓小平向出席全国科学大会的6000名代表宣布："我们可以预见，一个人才辈出、群星灿烂的新时代必将很快到来。"

教育是一个民族最根本的事业。在邓小平的直接推动下，中断10年的高校招生考试制度恢复了，教育界的拨乱反正迈出了重要一步，取得了震撼全局的突破。

经过邓小平短短几个月的努力，以全国科学大会和全国教育工作会议的相继召开为标志，科学和教育领域的各项工作逐步走上了正轨。

在这以后，我国科教战线出现了一派欣欣向荣的景象。社会上开始形成"尊重知识，尊重人才"的良好氛围。邓小平提出或阐明的知识分子是工人阶级的一部分、科学技术是生产力、教育事业必须同国民经济发展的要求相适应等一系列重要思想和论断，为我国新时期科学技术和教育事业的发展指明了方向。

以科教战线拨乱反正的全面展开和深入发展为突破口，同其他各方面的拨乱反正一起，汇集成一股势不可挡的思想解放的潮流。正是在这样一个发展进程中，逐渐形成了以真理标准讨论为标志的、冲破"两个凡是"禁锢的思想解放的大潮。

第三节　支持和领导真理标准讨论

粉碎"四人帮"后一年多的时间里，党和国家政治生活和社会生活的秩序正在逐步恢复并步入正常轨道。邓小平对科教领域的拨乱反正，不仅赢得了广大知识分子和各界人士支持，也在全社会引起很大震动，带给当时思想和精神备受压抑的人们以更多的启示和希望。然而，这时的中国社会，从整体上说，前进的步伐仍然异常沉重。主要原因在于党的指导思想没有从根本上转变。比如，一方面要揭批"四人帮"，另一方面又要肯定甚至坚持"文化大革命"中许多错误的路线、方针、政策；一方面重提"四化"目标，另一方面又要继续坚持"以阶级斗争为纲"，所谓"抓纲治国"。这种理论与实际相脱节、理想与现实相矛盾的状况，在党内外引起极大的思想混乱，成为严重制约和阻碍中国社会发展的桎梏。主要障碍是"两个凡是"方针的推行和迟迟不改正。

"两个凡是",即"凡是毛主席作出的决策,我们都坚决维护;凡是毛主席的指示,我们都始终不渝地遵循"。这是1977年2月7日,《人民日报》《红旗》杂志、《解放军报》联合发表的社论《学好文件抓住纲》中提出的一个口号。"两个凡是"的要害是继续坚持"文化大革命"和毛泽东晚年的错误观点。推行"两个凡是",中国就不可能从"文化大革命"的灾难中走出来。"两个凡是",在理论上,违背了马克思主义最基本的原理;在实践上,严重阻碍了党团结带领全国人民纠正失误、建设国家、振兴中华的前进步伐。

"只有解决好思想路线问题,才能提出新的正确政策。"破除"两个凡是",重新确立党的实事求是的正确思想路线,实现思想上的拨乱反正,是打开新局面的关键。这场思想路线交锋的标志是真理标准问题的讨论。邓小平紧紧抓住思想路线转变这一关键环节,在真理标准问题讨论的氛围形成、推动和深入发展的各个阶段,支持和领导了这场影响深远的大讨论。

1977年4月,邓小平在未恢复领导职务、其复出正处于微妙的情况下,以马克思主义者大无畏的革命精神,率先对"两个凡是"提出批评。他在给中央的一封信中针对"两个凡是"的错误指出,我们必须世世代代地用准确的、完整的毛泽东思想来指导全党、全军和全国人民,把党和社会主义事业,把国际共产主义运动的事业,胜利地推向前进。5月3日,中央转发此信,邓小平的意见引起了党内许多同志的思考。"准确的、完整的毛泽东思想"的提法逐渐成为抵制"两个凡是"的思想武器。

4月下旬,邓小平明确对中央办公厅两位负责人汪东兴、李鑫说:"'两个凡是'不行。我出不出来没有关系,但'天安门事件'是革命行动。"针对3月中央工作会议上华国锋讲话中既肯定"批邓是必要的",又同意让邓小平出来工作;既认定天安门事件是"反革命事件",又承认广大群众到天安门广场举行悼念活动是"合情合理"的这种矛盾状况,邓小平说:"按照'两个凡是',就说不通为我平反的问题,也说不通肯定1976年广大群众在天安门广场的活动'合乎情理'的问题。"

5月24日,邓小平在同王震等人的谈话中,明确强调不能搞"两个凡是"。他说:"毛泽东同志自己多次说过,他有些话讲错了,他说,一个人只要做工作,没有不犯错误的。又说,马恩列斯都犯过错误,如果不犯错误,为什么他们的手稿常常改了又改呢?改了又改就是因为原来有些观点不完全正确,不那么完备、准确嘛。"邓小平强调,他提出准确地、完整地掌握毛泽东思想体系,不赞成"两个凡是",是经过反复考虑的。这是关系到能否坚持辩证唯物主义的理论问题。

1977年7月,在党的十届三中全会上,针对"两个凡是"的错误观点,邓小平再一次强调,必须对毛泽东思想有一个完整的、准确的认识。不能割裂、歪曲和损害毛泽东思想。群众路线和实事求是是毛泽东思想最根本的东西。恢复和发扬实事求是等优良传统和作风,对端正党风、军风、民风"特别重要"。

8月,在党的十一大上,邓小平指出:"我们一定要恢复和发扬毛主席为我们党树立的实事求是的优良传统和作风,做老实人,说老实话,办老实事,这是一个共产党员的起码标准。"他强调不能以毛主席

邓小平给光明日报的题字

是否画圈作为判断是非的标准，而应当实事求是。

邓小平的这些重要论述启发了人们的思想，拉开了思想解放的序幕。当人们一旦不再迷信"个别词句"，一旦能够自觉用"准确"和"完整"的眼光看待一个思想体系的时候，一场突破"两个凡是"藩篱的思想解放运动就要形成了。

邓小平倡导实事求是，批评与抵制"两个凡是"的举动，得到党内许多德高望重的老同志的响应与支持。在1977年9月毛泽东逝世一周年之际，叶剑英、陈云、聂荣臻、徐向前、张鼎丞等纷纷撰写纪念文章或发表谈话，宣传毛泽东一贯倡导的理论联系实际、一切从实际出发、实事求是的优良传统和作风，从而逐渐在全国形成了要求恢复实事求是优良传统的政治氛围。这种氛围，进一步活跃了人民的思想，鼓舞人们与"两个凡是"进行斗争。

1978年5月11日，在中央党校副校长胡耀邦的组织下，《光明日报》发表了一篇题为《实践是检验真理的唯一标准》的特约评论员文章。这篇文章约7000字，共分四个部分："检验真理的标准只能是社会实践""理论与实践的统一，是马克思主义的一个最基本的原则""革命导师是坚持用实践检验真理的榜样""任何理论都要不断接受实践的检验"。从小标题上就可看到，该文论述了检验真理的标准是社会实践，理论和实践的统一是马克思主义的最基本的原则，任何理论都要不断接受实践的检验。文章针对现实，强调指出："现在，'四人帮'及其资产阶级帮派体系已被摧毁，但是，'四人帮'加在人们身上的精神枷锁，还远没有完全粉碎。毛主席在第二次国内革命战争时期曾经批评过的'圣经上载了的才是对的'（《论反对日本帝国主义的策略》）这种倾向依然存在。无论在理论上或实际工作中，'四人帮'都设置了不少禁锢人们思想的'禁区'，对于这些'禁区'，我们要敢于去触及，敢于去弄清是非。科学无禁区。凡是超越于实践并自奉为绝对的'禁区'的地方，就没有科学，就没有真正的马列主义、毛泽东思想，而只有蒙昧主义、唯心主义、文化专制主义。""社会主义对于我们来说，有许多地方还是未被认识的必然王国。我们要完成这个伟大的任务，面临着许多新的问题，需要我们去认识，去研究，躺在马列主义毛泽东思想的现成条文上，甚至拿现成的公式去限制、宰割、裁剪无限丰富的飞速发展的革命实践，这种态度是错误的。我们要有共产党人的责任心和胆略，勇于研究生动的实际生活，研究现实的确切事实，研究新的实践中提出的新问题。只有这样，才是对待马克思主义的正确态度，才能够逐步地由必然王国向自由王国前进，顺利地进行新的伟大的长征。"[1] 这篇文章的倾向性和针对性显而易见。

一石激起千层浪，此文一发表，即在党内外引起了强烈反响。有赞同支持的，也有反对的。凡盼望早日冲破"两个凡是"思想禁锢的人，读了此文，欣喜之情溢于言表。他们期望此文能使各项工作真正拨乱反正。然而此文最先引来的却是责难。就在《人民日报》转载这篇文章的当天晚上11时，在报社值班的一位负责人便接到一个电话，电话指责"这篇文章犯了方向性的错误"。次日，新华社负责人也接到一个指责新华社转发此文的电话。

邓小平一开始并没有关注这篇文章的发表。邓小平后来在同文化部部长黄镇谈话时说："《光明日报》发了文章，当时没有注意，后来听说有人反得厉害，才找来看了看。符合马列主义嘛，扳不倒嘛。"

得知此事后，邓小平立刻介入，旗帜鲜明地支持《实践是检验真理的唯一标准》这篇文章。

5月30日，在同几位负责人谈话时，邓小平有针对性地说："只要你讲话同毛主席的不一样，同华主席的不一样就不行，这不是一种孤立的现象，是当前思潮的一种反映。"他强调说："毛泽东思想最根本的、最重要的东西就是实事求是。现在连实践是检验真理的标准都成了问题，简直是莫名其妙。"

6月2日，邓小平在全军政治工作会议上发表讲话。他首先讲了实事求是，他说："实事求是就是一切从实际出发，就是理论与实际

---

1 李向军.光明日报65年理论文章选萃:思想的历程[M].北京:光明日报出版社,2014.145页

相结合。我们也有一些同志天天讲毛泽东思想，却往往忘记、抛弃甚至反对毛泽东同志的实事求是、一切从实际出发、理论与实践相结合的这样一个马克思主义的根本观点、根本方法。不但如此，有的人还认为谁要是坚持实事求是、从实际出发、理论与实践相结合，谁就是犯了弥天大罪。他们的观点，实质上是主张只要照抄马克思、列宁、毛泽东同志的原话，照抄照转照搬就行了。要不然，就说这是违反马列主义、毛泽东思想，违反了中央精神。他们提出的问题不是小问题，而是涉及怎么看待马列主义、毛泽东思想的问题。"随后，邓小平以毛泽东的革命经历讲述了毛泽东是如何坚持实事求是、理论联系实际原则的。他说，毛泽东同志"坚决反对在共产党内讨论问题的时候，开口闭口拿本本来，以为上了书的就是对的这种错误的心理"，他强调"一定要肃清林彪、'四人帮'的流毒，拨乱反正，打破精神枷锁，使我们的思想来个大解放"。

这个讲话见报后，帮助很多人认识了"两个凡是"的错误，党内和社会上批评"两个凡是"的呼声渐高，但这随即遇到了强大的阻力。

分管宣传工作的中央负责人再次指责"文章有问题"，批评有关单位"没有党性""没把好关"，施加了相当大的政治压力。实事求是与"两个凡是"两种思想路线的对立和斗争逐渐公开化了。在这种情况下，胡耀邦等人甚至一度想"冷却一下"。

如果说，对这场讨论邓小平一开始是支持的话，面对"强大的阻力"，他接下来的态度就是强力推动和领导了。

7月21日，并不分管思想宣传工作的邓小平约见当时的中央宣传部部长，明确要求不要再"下指令""设禁区"了，不要再把"刚开始的生动活泼的政治局面拉向后退"。次日，他又约见中央组织部部长胡耀邦，明确指出，真理标准这篇文章是马克思主义的，争论不可避免，争得好。引起争论的根源就是"两个凡是"。胡耀邦回去后对有关同志说："邓副主席这个话对我们是个鼓励。"8月13日，邓小平直接找到那位率先指责《人民日报》转发"真理标准"一文的思想理论界的负责人，指出：现在的主要问题是要解放思想，不要从"两个凡是"出发，不要设禁区，要鼓励破除框框。

在邓小平的直接介入和推动下，真理标准问题的讨论终于冲破了"两个凡是"的束缚，很快由北京向全国各地辐射，由思想理论界向各行各业辐射。自8月起，中央党、政、军各部门，全国绝大多数省、区、市和各大军区的负责人纷纷发表文章或讲话，支持这场大讨论。

在支持和领导真理标准问题的讨论中，邓小平始终着眼大局，把推进社会主义现代化建设作为这场讨论的落脚点，使真理标准问题讨论的过程成为引导人们思考国家向何处去这一重大课题的过程。在真理标准问题讨论的引导下，党内外思想日益活跃，批判危害多年的极左思潮，恢复马克思主义思想路线，反思过去的曲折，思考未来的出路，开始出现酝酿对外开放和对若干体制进行改革的新局面。

第四节　北方谈话初步回答"什么是社会主义"

1978年9月，为庆贺朝鲜国庆30周年，邓小平应金日成的邀请到朝鲜进行了一次短暂的访问。归国后，邓小平没有直接回到北京，而是视察了东北三省以及唐山和天津等地,并发表了一系列重要谈话,产生了深远影响。后来,人们为了与邓小平1992年的南方谈话相区别,称之为"北方谈话"。这些谈话,内容非常丰富,涉及了党的思想路线、政治路线和社会主义建设的方方面面。对此,邓小平饶有兴趣地说他是"到处点火"。

邓小平的所谓"到处点火",实际上主要的是想阐明两个问题:一个是要进一步打破"两个凡是",大力解放人们的思想;另一个就是结束"揭批查"运动,实现工作重点转移。这把"火"实质上就是要端正人们的思想路线,从而把我国的社会主义建设引上正确航道。要正确回答这些问题,邓小平抓住了一个重要的切入点。这个切入点就是邓小平很新颖也很鲜明地提出"什么是社会主义、怎样建设社会主义"这个重大的理论和实践问题。这本身也是北方谈话的一个重要内容。正因为尖锐地提出了这个社会主义的首要的基本理论问题,才有了他对这些重大问题开创性的科学回答,才有了改革开放新的伟大革命。

新中国成立后,中国共产党人对怎样建设社会主义进行了不懈的探索。这些探索,是党和人民的宝贵财富。但在探索过程中也出现了一些曲折,甚至发生了"文化大革命"这样的严重错误。十年"文化大革命",中国的社会主义探索走入了死胡同。政治动乱,思想、体制僵化,人民生活改善缓慢,中国与世界发达国家的差距越拉越大。"文化大革命"结束时,我国的国民经济到了崩溃边缘,人民生活贫困。可以说,贫穷是当时中国社会的主要矛盾。但是,社会主义要不要消灭贫穷和怎样消灭贫穷,受无产阶级专政下继续革命理论的影响,执政的中国共产党人对这个问题还存在着模糊的认识。

这一切使得邓小平不得不对严峻的现实进行反思。复出后不久，他多次在不同的场合反复追问：人民生活水平不是改善而是后退叫"优越性"吗？如果这叫"社会主义优越性"，这样的社会主义我们也可以不要。社会主义不是比资本主义优越吗？不优越叫什么社会主义。什么叫社会主义，它比资本主义好在哪里？每个人平均六百几十斤粮食，好多人饭都不够吃，28年只搞了2300万吨钢，能叫社会主义优越性吗？一个个沉重的问号下，邓小平反复追问着同一个问题：什么是社会主义？

带着这样的思考，邓小平来到了东北。他的东北之行，行程安排得极其紧张。时任沈阳军区司令员的李德生回忆说："那些日子，我一直都陪着邓小平同志。他的工作日程排得满满的，上午、下午，甚至晚上，都找干部群众谈话，到工厂、农村、部队调查研究，体察民情。他对揭批'四人帮'、开展真理标准讨论、工农业生产和群众生活等方面的情况，问得很详细，做了许多极其重要的指示。"每到一个地方，在听取工作汇报时，邓小平会不时插话。汇报结束后，更多的时间是他自己在谈，不知疲倦地谈，谈那些他思虑已久，如骨鲠在喉、不吐不快的话，谈他对"什么是社会主义"这个问题的看法。

9月16日，邓小平在听取中共吉林省委常委汇报时，讲了很多，很集中。他说："我们是社会主义国家，社会主义制度优越性的根本表现，就是能够允许社会生产力以旧社会所没有的速度迅速发展，使人民不断增长的物质文化生活需要能够逐步得到满足。按照历史唯物主义的观点来讲，正确的政治领导的成果，归根结底要表现在社会生产力的发展上，人民物质文化生活的改善上。如果在一个很长的历史时期内，社会主义国家生产力发展的速度比资本主义国家慢，还谈什么优越性？我们要想一想，我们给人民究竟做了多少事情呢？我们一定要根据现在的有利条件加速发展生产力，使人民的物质生活好一些，使人民的文化生活、精神面貌好一些。"[1]时任吉林省委第一书记的王恩茂感慨地说："小平同志的讲话促进了我思想的大解放。过去有些不敢想的问题，现在敢想了；过去不敢讲的问题，现在敢讲了。"

9月17日，邓小平同辽宁省委的负责人谈话时，动情地说："马克思主义就是这样，归根到底要发展生产力。我们太穷了，太落后了，老实说对不起人民，我们的人民太好了。外国人议论，中国人究竟还能忍耐多久，很值得我们注意。我们的人民是好人民，忍耐性已经够了。我们现在必须发展生产力，改善人民生活条件。"他说，要体现社会主义制度比资本主义制度优越，起码要表现出我们的发展速度比他们快。第二天，他在视察鞍山钢铁公司时，再次强调要发展生产。他说："社会主义要表现出它的优越性，哪能像现在这样，搞了二十多年还这么穷，那要社会主义干什么？我们要在技术上、管理上都来个革命，发展生产，增加职工收入。"[2]

应该说，这些鲜明的思想观点已经涉及党的政治路线和根本方针政策问题。东北的广大干部也正是从邓小平的谈话中慢慢明白了社会主义首先要搞生产，要搞经济建设。

以此为开端，邓小平郑重地要求全党弄清楚什么是社会主义的问

---

[1] 中共中央文献编辑委员会．邓小平文选（第二卷）[M]．北京：人民出版社，1994.128页
[2] 中共中央文献编辑委员会．邓小平文选（第二卷）[M]．北京：人民出版社，1994.130页

题。1980年四五月间,他在几次谈话中进一步指出社会主义首先要发展生产力。他说:"不解放思想不行,甚至于包括什么叫社会主义这个问题也要解放思想。经济长期处于停滞状态总不能叫社会主义。人民生活长期停止在很低的水平总不能叫社会主义。""讲社会主义,首先就要使生产力发展,这是主要的。"这些谈话集中反映了邓小平对社会主义本质问题的思考,进一步加深了人们对"什么是社会主义,在中国怎样建设社会主义"问题的认识。后来,他又提出并阐发了"贫穷不是社会主义,发展太慢也不是社会主义,社会主义的根本任务是解放生产力、发展生产力"等一系列新思想。有了这种全新的社会主义观,怎样建设社会主义才有了正确的指导思想和理论依据。

实际上,邓小平的"北方谈话"也对怎样建设社会主义的问题进行了初步的思考和探索。谈话中,他多次明确谈到党的工作重点转移问题。他指出,要从现在的实际出发,利用各种现有的条件,实现四个现代化,切实加速前进的步伐。他特别强调指出,应该在适当时候结束全国性的揭批"四人帮"的群众运动,把党和国家的工作重点转移到四个现代化建设上来。围绕实现党的工作重心转移,邓小平对老企业改造、农业现代化和发展第三产业等问题,也做了许多重要的指示,比较系统地阐述了改革开放问题。

邓小平在东北考察,一路走,一路谈改革。他看得很远,那时已难能可贵地提出了体制改革的问题。他指出,反思历史,"有好多体制问题要重新考虑,总的说来,我们的体制不适应现代化,上层建筑不适应新要求"。他提出,要解决上层建筑不适应新的要求的问题,首先是解决体制问题。他说:"我们决心下了,体制改革得比较适应,行动

1978年9月，邓小平视察东北。这是他与中共吉林省委第一书记王恩茂亲切交谈

1978年9月，邓小平视察东北。这是他在详细询问大庆生产情况

比较快，有效率了，剩下的就是技术水平、管理水平问题。"

他提出要用先进技术和管理方法改造企业。9月18日在鞍钢，他指出：引进先进技术设备后，一定要按照国际先进的管理方法、先进的经营方法、先进的定额来管理，也就是按照经济规律管理经济。他还提出了扩权的改革思路，强调要加大地方的权力，特别是企业的权力。这些都是我国经济体制改革起步阶段的重要的指导思想。

他还把改革提到革命的高度来认识。在鞍山讲话中，他斩钉截铁地说："一句话，就是要革命，不要改良，不要修修补补。"在天津谈到引进技术要改革企业管理时，他说："凡这样的工厂，管理要按人家的方法，这个对我们来说叫革命。"在这里，"改革就是革命"的思想认识已十分明确。

就对外开放问题，"北方谈话"也有深刻的论述。邓小平站在时代的高度，用马克思主义的宽广眼界观察世界，判断我国同世界先进国家的差距。9月13日，他在谈到本溪、本钢的发展时说，现在就是要好好向世界先进经验学习，不然老是跟在人家后面爬行。要到发达国家去看看，过去我们对国外的好多事情不知道，应当看看人家是怎样搞的。长期把自己锁在本乡本土，不了解外界，不与外界交往，闭关自守，只能把我们国家搞得贫穷落后，愚昧无知。9月16日，他在长春讲话中指出：实现四个现代化，"关起门来不行"，要"吸收国际先进技术和经营管理经验，吸收他们的资金"。他强调说："世界在发展，我们不在技术上前进，不要说超过，赶都赶不上去，那才真正是爬行主义。"两天后，在鞍山讲话中，他再次重申：我们要以世界先进的科学技术成果作为我们发展的起点。

邓小平的"北方谈话"进一步推动了真理标准问题的讨论，形成广泛的思想解放运动，推动了中国政局向前发展，为年底召开的党的十一届三中全会打下了很好的思想基础。正是在这样的条件下，党的十一届三中全会顺利地做出了党的工作着重点转移到社会主义现代化建设上来的重大决策。

第五节 "我懂得什么是现代化了"

20世纪70年代末，资本主义世界已经历了二战后大发展的"黄金时代"，经过新技术革命的洗礼和十几年的高速发展，已经实现了高度的现代化。一方面，西方主要发达国家在经济上出现了滞涨，急于为过剩的资本和生产设备寻找新的出路；另一方面，新技术革命正跨入一个新的发展时期，众多高新技术纷至沓来。有利的国际环境，为中国发展提供了物质和技术条件。

进入1978年后，真理标准讨论带来的思想解放，促进了党对中国社会主义建设道路的新探索，而这一新探索由于出访活动的增加而获得了更广阔的视野。出国访问和考察的中国代表团，亲眼看到了国际社会的这种巨大变化，深感中国与世界发展水平的差距，深感加快发展的必要性和紧迫性。邓小平对另一个社会主义国家的领导人说："最近我们的同志出去看了一下，越看越感到我们落后。什么叫现代化？50年代一个样，60年代不一样了，70年代就更不一样了。"

这一时期，邓小平多次谈道："现在有一个比较好的国际条件，我们可以利用，要把世界上的先进成果作为我们发展的起点。过去'四人帮'干扰，就是关起门来搞建设，连世界是个什么样子都不清楚。世界经济发展那么快，我们的脑子里还都是些老东西，不从现在的实际出发来提出问题，解决问题。这样天天讲四个现代化，讲来讲去都会是空的。同世界先进水平比，我们不但技术落后，而且管理水平低。我们国家的体制，包括机构体制等，基本上是从苏联学来的，是一种落后的东西，人浮于事，机构重叠，官僚主义发展。有好多体制问题要重新考虑。"他的这些看法逐渐成为党内领导层的共识。

1978年2月至1979年1月，在一年的时间里，为了深入了解外部世界，年逾古稀的邓小平六次走出国门，相继访问缅甸、尼泊尔、朝鲜、日本、泰国、马来西亚、新加坡、美国等八个国家。邓小平密集出访活动的目的很明确，一是创造一个长期的和平的国际环境和处理好与周边国家的关系，为中国的现代化建设提供重要的外部条件；二是通过增强与发达国家和其他不同类型的国家的联系和交往，学习和借鉴他们的建设经验。

日本是中国一衣带水的近邻，也是当今世界重要的经济大国。中日两国之间，有2000多年友好交往的历史和保持世代友好的愿望，也有以往战争造成的痛苦回忆。第二次世界大战后，两国关系又多年处于不正常状态。改善和发展中日两国和两国人民的友好关系，从毛泽东、周恩来那个时候就开始了。《中日和平友好条约》是中日睦邻友好的基石。邓小平为条约的签订倾注了大量的心血。为了缔约，他多次会见日本客人，阐明中国的立场。经过近四年的谈判，1978年8月，中日双方就条约内容达成一致。8月12日，《中日和平友好条约》在北京签字，邓小平出席了签字仪式。

1978年10月，邓小平应邀访问日本，前去出席《中日和平友好条约》两国批准书换文仪式。这是新中国领导人对日本的首次正式友好访问。出席完换文仪式后，邓小平与日本各界人士进行了广泛的接触，对中日关系的发展发表了看法。他说，《中日和平友好条约》的签订，不仅在事实上，而且在法律上、政治上，总结了我们过去的关系。更重要的是，从政治上更进一步肯定了两国友好关系要不断地发展。中日两国关系的发展不是权宜之计。

二战后，日本抓住有利时机，迅速实现了经济腾飞。学习、借鉴日本的成功经验，亲自考察一下日本的现代化，是邓小平此访的重要内容。他说，中国要建设成为社会主义的现代化强国，任务是艰巨的，首先要靠自己的努力，同时也要学习外国的一切先进经验和先进技术。这次到日本来，就是要向日本请教。

访日期间，邓小平的日程安排得非常紧，以只争朝夕的精神观察和学习日本，率领代表团参观了日本四个现代化工厂。他说："这次我们是抱着向你们请教的态度来的。"在参观日产汽车公司时，当了解到这里的劳动生产率比长春第一汽车厂高出几十倍时，他感慨地说："我懂得什么是现代化了！"在君津钢铁厂，他希望日本朋友一定要把先进的生产管理经验介绍给正在这里或即将来这里实习的中国工人。在乘坐新干线列车时，他说："就感觉到快，有催人跑的意思，我们现在正合适坐这样的车。"在松下电器公司，他对公司创始人松下幸之助说："日本企业值得我们学习的东西很多。希望松下的电子工业到中国去。"

1978年11月，从日本访问归来才一个星期的邓小平，又出访东南亚三国，继续他的周边睦邻之旅。他的这次出访是中国领导人对泰国、马来西亚、新加坡的首次访问。这不仅表示中国重视促进睦邻外交，也是对东南亚国家区域合作机构——东盟的重视，对促进中国和东盟国家的关系以及东南亚地区的和平与稳定具有重要意义。这次出访，邓小平还提出了解决一系列敏感复杂问题的思路和方法，"努力消除对中国的不安感"，取得显著成效。

如中国政府对华人华侨的政策就是一个十分敏感的问题。由于历史的原因，在世界上不少国家，特别是东南亚国家居住着中国侨民和中国血统的外籍人。由于意识形态和社会制度不同，居住国担心这些华人华侨介入侨居国政治，干涉内政，反对政府。在三国访问期间，邓小平多次重申阐释中国的侨务政策：第一，中国政府鼓励华侨加入居住国的国籍，凡是加入居住国国籍，应该全部享受和履行所在国公民的权利和义务；第二，愿意保留中国国籍、实在不愿加入居住国国籍的，我们不强迫，但这一部分人应该遵守居住国的法律，尊重居住国的风俗习惯，同居住国人民和睦相处，尽其所能，帮助居住国发展。对这一部分华侨，我们理所当然地按照国际惯例，保护他们的合法权利。相应地，不存在双重国籍。邓小平的表态，既阐明了中国政府的一贯立场，又鲜明地提出了解决问题的具体办法，受到东南亚国家的普遍欢迎。他还转换思路，把华侨华人视为中国"独特的机遇"，"要利用华人、华裔为我们工作"，调动华侨华人的积极性，参与国内经济建设，借助他们的力量为中国的现代化事业做贡献。

新加坡是东南亚的发达国家，在发展国民经济方面取得了显著成就，被誉为"亚洲四小龙"之一。当时，中新两国尚未正式建交，但两国在经济、贸易、文化和体育等方面的往来有了较快的发展。访新期间，邓小平视察了新加坡最大工业区——新兴工业中心。这里曾是一片荒地和沼泽，经过十多年的发展，成为东南亚最大的石油工业中心和修船业中心。邓小平在接见中国驻新加坡机构主要负责人时，深有感触地说："我在日本说，本来长得很丑，为什么要装美人呢？可派人出来看看，学人家是怎么搞的。工厂办得好不好，要看它管理好不好，质量、技术好不好。我们的框框太多了。大家要开动脑筋，有的人总认为自己好。要比就要跟国际上比，不要与国内的比。"这次对新加坡的访问，对邓小平影响很大。后来，邓小平在谈到中国的改革开放时多次说到要借鉴新加坡的经验。

1979年农历新年期间，邓小平完成了对世界头号资本主义强国美国的访问。这是新中国领导人第一次访美。这次访问也是中美关系正常化的结果。为了推动两国关系正常化，邓小平付出了极大的心血。从1974年11月起，邓小平开始主持中美关系正常化问题的会谈，先后会见了基辛格、福特、万斯、布什、布热津斯基、伍德科克等美国政界要人，阐述了中国政府关于实现中美关系正常化的原则立场，希望美国政府、国会和政治家从长远的、政治的和战略的角度考虑中美关系，采取更加积极的态度，加快中美关系正常化的步伐。1978年7月，中美双方开始建交谈判后，邓小平不仅关心谈判进程，而且对每一轮的谈判都给予具体的指示。在最后谈判的关键时刻，他三次会见美国的谈判代表。经过近半年的谈判，最终达成协议：美国承认中国关于只有一个中国、台湾是中国的一部分的立场，承认中华人民共和国政府是中国的唯一合法政府；在中美关系正常化之际，美国政府宣布立即断绝同台湾的"外交"关系，从台湾和台湾海峡撤出美国军事力量和军事设施。随后，中美两国政府发表建交公报，宣布两国于1979年1月1日建立外交关系。中美建交标志着中国打开了全新的外交局面。

在白宫南草坪举办的欢迎仪式上，美国总统卡特在致辞中说：对于两国来说，今天是团聚和开始新的历程的时刻，今天是和解的时刻，是久已关闭的窗户重新打开的时刻。邓小平在致答词中说：中美关系正常化远远超出两国关系的范围。位于太平洋两岸的两个重要国家发展友好合作关系，对于促进太平洋地区和世界和平，无疑将是一个重要因素。世界人民的当务之急，就是要加倍努力维护世界和平、安全和稳定。世界形势也在经历着新的转折。我们两国有不可推卸的责任，通过共同的努力对此做出应有的贡献。

邓小平同卡特进行了三次会谈，就国际形势、印支局势交换了意见。在华盛顿期间，他广交朋友，先后会见了尼克松、基辛格等著名政治家，出席美国参众两院和外交政策协会、美中人民友好协会等团体举行的午餐会、茶话会、招待会，阐述中国的内外政策，特别是对台湾问题的原则立场。他还先后与美国有影响的新闻工作者共进午餐，接受哥伦比亚广播公司等美国媒体采访，回答他们提出的问题。邓小平对美国人说，我们两国是隔水相望的邻居，太平洋再也不应该是隔开我们的障碍，而应该是联系我们的纽带。他表示，中国的大门对一切朋友都是敞开的。他给美国人留下了深刻印象：在这个身材矮小却很健壮的人身上，机智、豪爽、魄力、风度、自信、友善，都和谐完美地体现了出来。

1978年10月，邓小平访问日本。图为邓小平乘坐新干线超特快列车

1978年10月，邓小平在日本千叶县君津钢铁厂参观

155 / 第四章 准备——各方面的拨乱反正

1978年11月，邓小平访问新加坡期间参观新加坡新兴工业园区

1979年2月，邓小平访问美国期间参观休斯敦附近的林登·约翰逊航天中心

中美双方签署了有关领事馆、贸易以及科学、技术、文化交流等方面的协议。这为两国各个领域的交流与合作，开辟了更为广阔的前景。

访美期间，邓小平争分夺秒、不知疲倦地走访美国各地，进一步了解现代化建设的实际情况，特别是对美国的科学技术进行参观考察。他对美国人的实干和创新精神深为钦佩，说："你们有许多东西值得我们借鉴，我们愿意向你们学习。"他深信把中国的社会主义制度的优越性同经济发达国家的先进科学技术和经济管理、人才培养等方面的先进经验结合起来，对于加快实现四个现代化具有重要的意义。中国能够直接从世界上最发达的国家引进技术、资金，学习先进管理经验，进行对外贸易，这成为中国推进改革开放事业的重要助力。

邓小平的这一系列出访，特别是对美国、日本的访问，成为中国融入世界现代化进程的破冰之旅，这些发达国家的发展经验，给了他许多启发，帮助他完成了对中国与外部世界关系的准确定位，初步形成了通过实行改革开放促进中国与世界共同发展、互利共赢的战略大思路。难怪当时的新加坡总理李光耀看到中美两国签署了科技合作、文化等一系列协定时，感慨地说："中国的大门再也不会关闭了。"

实行改革开放，为的是解决中国社会主义的发展动力问题。很长一段时间，我们对什么是社会主义、社会主义要不要集中力量发展生产力的认识不是完全清楚的。"文化大革命"结束后，"两个凡是"继续束缚着人们的思想。邓小平开启改革开放伟大事业，首先是从理论上的拨乱反正。1978年，他支持和领导了一场全国范围的真理标准问题的大讨论，开始重新确立解放思想、实事求是的正确思想路线，开始否定"以阶级斗争为纲"的错误理论和实践。伴随着拨乱反正的进程，邓小平明确提出必须搞清楚"什么是社会主义、怎样建设社会主义"这个重大理论和实际问题，并展开密集的国内调研和国外出访，发表了著名的"北方谈话"，出访了美国、日本等发达国家，拉开了改革和开放的帷幕。

第五章 开局——转折与新路

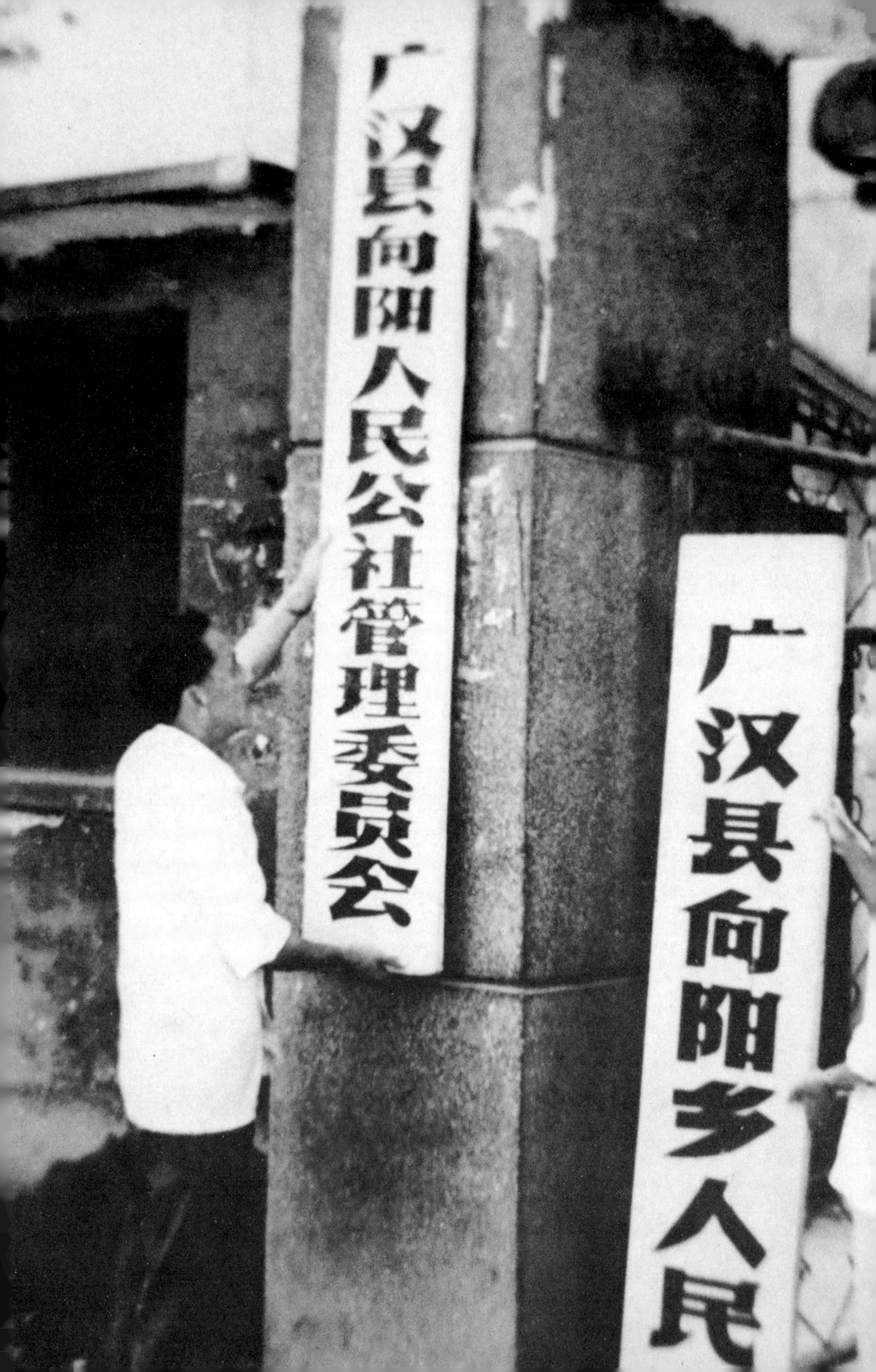
广汉县向阳人民公社管理委员会
广汉县向阳乡人民

1980年9月14日上午，邓小平会见了由公明党委员长竹入义胜率领的日本公明党访华团。竹入义胜曾多次访问中国，并得到邓小平的接见，两人是老熟人了。

宾主在交谈时，邓小平向日本朋友介绍了当时我国正在进行的改革开放情况。他指出，1978年召开的党的十一届三中全会是一个分界线，三中全会以来我们确立了党的思想路线、政治路线和组织路线。我国的改革工作刚刚开始，但取得的效果比预料的要大。这证明，十一届三中全会所提出的路线及要对经济管理体制和经营管理方法着手认真改革，都是对头的。

邓小平说，我们要进一步扩大企业自主权，保护竞争，克服那种吃"大锅饭"的现象，其目的是充分调动全国人民的社会主义积极性。吃"大锅饭"，就是干和不干一个样，干得好和干得不好一个样，没有比较，哪有什么积极性？现在一比较、一竞争，就必然要淘汰一些落后部门。这不是一个什么社会主义、资本主义的问题。社会主义也必须要像现在这样干才行。也只有这样做，才能更有力地促进技术革新，提高企业管理水平，加快四化建设的步伐。

第一节　一份见证大转折的讲话提纲

1978年12月2日上午，邓小平约见胡耀邦、胡乔木、于光远，谈起草正在召开的中央工作会议闭幕会上的讲话稿问题。谈话中，邓小平拿出了一份他亲笔拟出的讲话提纲。这个提纲写在16开的白纸上，共3页，近500字。字是用铅笔写的，列出了7个方面的问题："一、解放思想，开动机器。理论的重要，实践是检验真理的标准——争论的必要；二、发扬民主，加强法制；三、向后看为的是向前看；四、克服官僚主义、人浮于事；五、允许一部分先好起来；六、加强责任制，搞几定；七、新的问题。"

起草讲话稿，按照以往的习惯，邓小平一般是约谈起草人，口述思路，中间可能要反复讨论修改，直到满意为止。不寻常的是，他这次亲笔拟出了提纲。显然，这次会议和讲话异常重要。确实如此。正是根据这个提纲形成了一篇著名讲话——《解放思想，实事求是，团结一致向前看》。那是邓小平在党的十一届三中全会召开前的中央工作会议闭幕会上讲的。它，见证了40年前的那场历史大转折。

实际上，邓小平早在1978年10月就开始准备这次讲话稿。当时中央工作会议尚未召开。他一开始定的主题是讲全党工作重点的转移问题，并交由"党内第一支笔"胡乔木负责牵头起草。该稿经过几次修改后于11月中旬基本定稿。但十几天后，邓小平又决定重新起草讲话稿，并亲笔拟出讲话提纲。他做出这个决定，并非对已经起草好的讲话稿不满意，而是因为会议内外形势发生了新的变化，原有的讲话稿已显得不适用了。

这次中央工作会议是11月10日开幕的，原定议题是讨论农业、未来两年国民经济计划安排等经济问题。会前，根据邓小平的提议，中央政治局决定会议先用两三天的时间讨论从1979年起把全党工作重点转移到社会主义现代化建设上来的问题。工作重点转移是邓小平率先提出的。在恢复工作后不久，邓小平就针对当时中央主要领导人

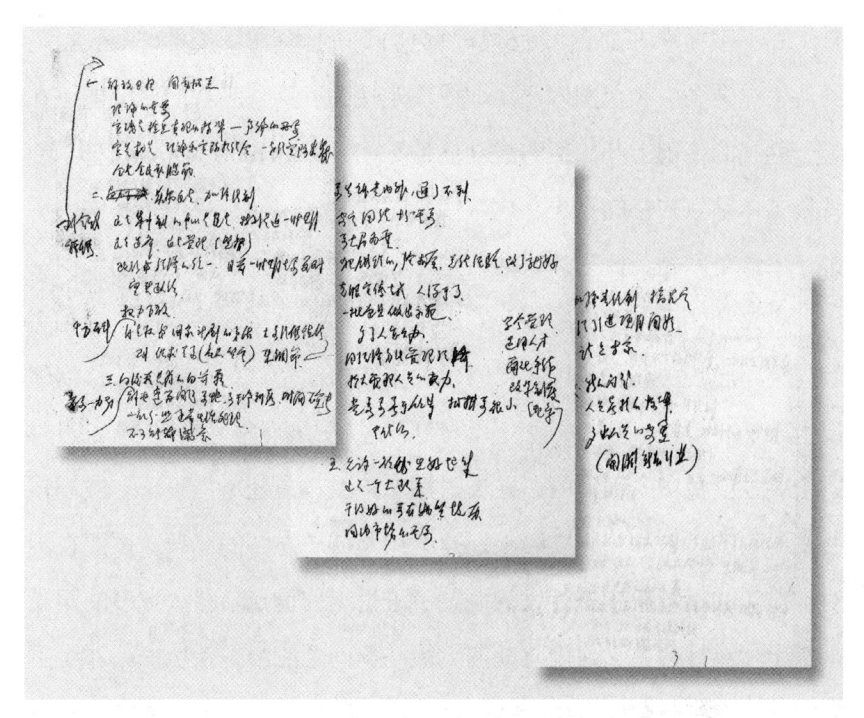

邓小平亲自起草的 1978 年 12 月 13 日在中央工作会议闭幕式上的讲话提纲

提出的"抓纲治国"指出：怎么叫个纲？揭批林彪、"四人帮"可以叫纲，但这是暂时的，我们还有长远的考虑。很快要转，要结束，要转到经济建设上来，再不能提"以阶级斗争为纲"了。在他的倡导下，全国各地、各部门在实际工作中逐步突破了以揭批为"纲"的限制，把更多的精力投入到经济建设上来，这越来越成为全党上下关注的重点。1978 年 9 月，邓小平在东北视察时率先提出全党工作着重点转移的思路和主张。他指出："揭批'四人帮'运动总有个底，总不能还搞三年五年吧。""不能搞得时间过长，过长就厌倦了。""搞好了，就可以转为搞业务，搞久了不行。""到一定时候要转入正常。"10

月，邓小平在中国工会九大致辞时更加明确地提出，揭批"四人帮"的斗争在全国广大范围内已经取得决定性的胜利，"我们已经能够在这一胜利的基础上开始新的战斗任务。"所谓"开始新的战斗任务"，就是工作重点转移的意思。这次中央工作会议，邓小平准备再深入地讲一下这个问题。此前的讲话稿也正是根据这个主题而准备的。

会议开始后，不出所料，邓小平关于工作重点转移的提议立即引起与会同志的关注和热议。当时不少人的看法是，工作重点转移到建设上来是必要的，但"搞建设，仍然要坚持阶级斗争为纲"。这与当时的中央主要负责人强调的"在新时期总路线和总任务指引下"实现转移是一致的。这种主张实际上还是继续坚持"左"的错误，试图在不对"左"的指导思想进行大的调整下进行工作重点转移。更多的同志则提出，对社会主义建设时期的阶级斗争问题应当重新认识。邓小平认为除了发生战争，今后一定要把生产斗争和技术革命作为中心，不能有其他的中心，这实质就是否定"以阶级斗争为纲"。尽管大家在转移的指导思想上是有分歧的，但对中央决定结束全国范围的揭批林彪、"四人帮"的群众运动，转到社会主义现代化建设上来，绝大多数都是赞同的。

就在围绕工作重点转移问题的分组讨论中，陈云、谭震林、胡耀邦等人的发言涉及了"文化大革命"中的重大政治事件，以及"文化大革命"前的"左"倾错误。也就是说，要实现工作重点的顺利转移，就要解决"文化大革命"中遗留的一大批重大问题和一些重要领导人的功过是非问题。一石激起千层浪。会上会下围绕这些发言开始议论纷纷。而且，许多人在发言中还提出了一些新的问题，并对一些中央领导人阻挠解决历史问题的错误提出了严肃的批评。

这实际上是1978年5月开始的真理标准讨论的继续和深化。正是邓小平的支持和领导，才使得这场解放思想的大讨论不断深入发展。会上的这些发言贯穿了解放思想、实事求是的精神，实际上是对当时仍在推行的"两个凡是"方针针锋相对的批评。

陈云等人的发言使会议突破了原定的框框，会议的内容大大超出原定的议题，会期也超出原定的时间，开成了一次解放思想，拨乱反正，集中批判"左"倾错误的会议。

根据多数与会同志的意见，11月25日，中央工作会议召开第三次全体会议，华国锋代表中央政治局宣布为"天安门事件"等重大历史问题平反，并着手解决一些重要领导人的功过是非问题。这些决定，充分吸收和采纳了陈云等老一辈革命家及与会各小组的同志的意见和建议，使两年来广大干部群众一直强烈呼吁的几项要求终于得到基本解决。

随着"天安门事件"等重大冤假错案的平反，会场上和社会上开始出现新的情况和动向。在会上，有的同志进一步提出：对"文化大革命"应当重新研究，"七分成绩，三分错误"（注：这是毛泽东生前对"文化大革命"的评价）的评价不能说服人；"刘少奇的资产阶级司令部"根本就不存在；等等。北京等大城市出现一些自发的群众集会和大、小字报，要求追究压制解放思想、阻挠平反冤假错案的领导人的责任。还有人提出了全盘否定毛泽东的错误意见。这引起了围观群众间的争吵和混乱。这些情况也引起了国外舆论的关注。显然，当时正确解决这些问题的条件还远未成熟。如果不加以正确引导，会走向另一个极端。

在紧要关头，邓小平站了出来。他几次就"天安门事件"等历史遗留问题的平反和如何对待毛泽东及毛泽东思想的问题发表意见，为全国人民正确理解中央决策起了积极作用。

11月25日，他在听取北京市委和团中央负责人关于"天安门事件"平反后的舆情时指出："讲问题，要注意恰如其分，要注意后果。迈过一步，真理就变成谬误了。""毛主席的伟大功勋是不可磨灭的，我们不能要求领袖没有缺点错误。我们处理任何问题，都要从大局着眼，小局服从大局，小道理服从大道理。"

11月26日，他在会见日本民社党访华团时说："搞四个现代化没有安定团结的局面是不行的。我们处理这些问题就是要把过去的问题了结一下，使全国人民向前看。了结了这些问题，大家心情就舒畅了。"

11月27日，他在听取中央工作会议各组召集人汇报时指出："对毛主席的缺点错误，我们不能回避。但没有毛主席，就没有新中国，毛主席的伟大，怎么说也不过分。"

11月29日，他会见日本公明党访华团时强调："要搞四个现代化，就要创造一个良好的政治气氛，求得一个安定团结的政治局面，使党内外广大群众心情舒畅。""'天安门事件'这样的问题，错了就改嘛，改了就完了。中心议题是引导全党、全国人民一心一意奔向四个现代化。"

在重要的历史关头，邓小平把准了历史发展大方向。他有一句非常深刻的话："我们这次会议是向前看的会议，不是向后看的会议，当然向后也要看一下，为的是向前看。"他的意见逐渐为全党所接受，全国的形势也逐渐稳定下来，从而为顺利实现党和国家工作重点转移和进行现代化建设创造了良好条件。

至此，邓小平敏锐地意识到，关于工作重点转移的问题，意见比较一致，没有什么阻力了。同时，在历史转折关头，许多新情况、新问题突现出来，需要党的领导人抓住机遇，作出回答，指明方向。

为此，邓小平开始准备新的讲话稿。他已经经过考虑，形成了新的思路，并亲笔拟出了提纲。12月2日，他约见胡耀邦、胡乔木、于光远三人，谈起草讲话稿的问题。5日，邓小平再次就讲话稿的主题、内容、文字和结构发表意见。9日、11日，他又谈了两次。足见他对这次讲话的重视程度。

参加起草且保存了这份讲话提纲的于光远回忆说："讲话的内容可以说全是邓小平自己的想法，不但思路是他自己的，而且给人留下深刻印象的语言也大都是他自己的。他对执笔者写出的稿子很仔细地看了，在审查草稿的过程中又不断地深化和充实自己的思想，最后由他拍板定稿。""当时我真有些奇怪，他怎么将事情想得那么深，那么多，那么细。"

在历史转折关头，邓小平的思路是变换的、发展的。他先是审时度势，抓住机遇，果断地提出结束揭批清查运动，实行全党工作重点转移的战略决策。最初起草的讲话稿正是体现他当时思想的产物。根据形势的发展，他又敏锐地把解放思想、实事求是、民主法制、向后看是为了向前看、让一部分人先好起来等思想突出地提到了全党的面前，产生了他12月2日的讲话提纲。此后，经过对当时国内外形势和党内状况的进一步观察和思考，他更加明确了实现历史转折的路径，确定了前进的具体策略，最终形成了"解放思想，实事求是，团结一致向前看"这个理论与实际结合得十分紧密的、完整的历史主题。

12月13日，中央工作会议举行闭幕会。邓小平已经准备好了，他的这篇重要讲话共分四个部分：

一、解放思想是当前的一个重大政治问题。只有解放思想，坚持实事求是，一切从实际出发，理论联系实际，我们的社会主义现代化建设才能顺利进行，我们党的马列主义、毛泽东思想的理论也才能顺利发展。关于真理标准问题的争论，越看越重要，是个思想路线问题，是个政治问题，是个关系到党和国家的前途和命运的问题。

二、民主是解放思想的重要条件。在过去一个相当长的时期内，民主集中制没有真正实行，离开民主讲集中，民主太少。为了保障人民民主，必须加强法制。必须使民主制度化、法律化，使这种制度和法律不因领导人的改变而改变，不因领导人的看法和注意力的改变而改变。

三、处理历史遗留问题为的是向前看。凡是过去搞错了的东西，统统应该改正，"有错必纠"。这是解放思想的需要，也是安定团结的需要。目的正是向前看，顺利实现全党工作重心的转变。

四、研究新情况，解决新问题。再不实行改革，现代化事业和社会主义事业就会被葬送。允许一部分人收入先多一些，生活先好起来。这是一个大政策，能够影响和带动整个国民经济向前发展，使全国各族人民都能比较快地富裕起来。

邓小平的讲话提出并回答了人们关注的实现历史转折和进行现代化建设所面临的最重大、最关键的问题，为即将召开的十一届三中全

1978年12月,中共十一届三中全会在北京召开。图为邓小平和陈云在这次全会上

会明确了指导思想。后来,这篇讲话被誉为是在"文化大革命"结束以后,中国面临向何处去的重大历史关头,冲破"两个凡是"的禁锢,开辟新时期新道路、开创建设有中国特色社会主义新理论的宣言书。

1978年12月18日至22日,中国共产党第十一届中央委员会第三次全体会议在北京召开。在邓小平同志指导下,全会果断停止使用"以阶级斗争为纲"的错误口号,作出全党的工作中心向经济建设转移、实行改革开放的历史性抉择,实现了新中国成立以来党的历史上具有深远意义的伟大转折,开启了改革开放和社会主义现代化建设新时期。

第二节 邓小平、陈云主导新时期的经济调整

党的十一届三中全会后,怎样在已经指明的大方向下开始社会主

义现代化建设？"文化大革命"结束后，我国的国民经济发展终于摆脱了政治动乱的长期困扰，迎来了转机。但由于长期的极左思想的束缚，当时的国民经济仍然面临着严重的困难和问题。把工作着重点转到社会主义现代化建设上来，首先碰到的问题是要使多年来造成的经济比例关系严重失调的状况得到调整，否则谈不上国民经济能有稳定的、确实可靠的快速发展。

对这个问题，一直存在着不同意见的争论。在1978年的中央工作会上，陈云就针对当时已出现的经济过热现象，提出"循序而进"的主张。那时，中央主要负责人华国锋认为，日本实现现代化只用了13年，德国、丹麦也是十几年，今年我们起步是3000万吨钢，日本起步时只有2000万吨钢，我们有优越的社会主义制度，只要路线方针政策正确，安定团结，调动积极因素，可以赶上去。陈云则以为："我们要坚持实事求是，就是要根据现状，找出解决问题的办法。首先弄清事实，这是关键问题。""我们的起点，是3000万吨钢。但是，不能光看钢铁这个指标。我们和日、德、英、法不同，工业基础不如他们，技术力量不如他们，这两点是很重要的。""要循序而进，不要一拥而上，看起来好像快，实际上欲速则不达。"他提出生产和基本建设都不能有材料的缺口，说："各方面都要上，样样有缺口，表面上好看，挤来挤去，胖子挤了瘦子，实际上挤了农业、轻工业和城市建设。""材料如有缺口，不论是中央项目，都不能安排。"

邓小平完全支持陈云的意见，认为经济在总的前进中需要有一段调整的时间。他在1979年1月6日就对余秋里、谷牧等说："我们对经济建设的方针、规划要进行一些调整。""有些指标要压缩一下，不然不踏实，不可靠。"

1979年3月14日，陈云和李先念又联名给中央写信，建议："（一）前进的步子要稳，不要再折腾，必须避免反复和出现大的'马鞍形'；（二）从长期来看，国民经济能做到按比例发展就是最快的速度；（三）现在的国民经济是没有综合平衡的，比例失调的情况是相当严重的；（四）要有两三年的调整时期，才能把各方面的比例失调情况大体上调整过来。"

3月21日至23日，中央政治局开会讨论经国家计委修改过的1979年国民经济计划和整个国民经济的调整问题。邓小平在讲话中指出："现在中心任务是调整，首先要有决心，东照顾、西照顾不行，过去提以粮为纲，以钢为纲，是到该总结的时候了。一个国家的工业水平，不是决定于钢，把钢的指标减下来，搞一些别的。谈农业，只讲粮食不行，要农林牧副渔并举。"陈云和邓小平的意见得到了中央政治局大多数同志的赞同。这次会议，是在经济建设上冲破"左"的思想禁锢，实事求是地确定经济调整指导思想的一次重要会议。

3月30日，邓小平在理论工作务虚会的报告中说："这次调整同60年代初期的调整不同。这次调整是前进中的调整，是为了给实现四个现代化打好稳固的基础。但是局部的后退是必要的，有些不切实际的和对整个经济害多利少的高指标要坚决降下来，有些管理不善、严重亏损的企业要限期整顿，甚至于停下来整顿。退一步才能进两步。同时，为了有效地实现四个现代化，必须认真解决各种经济体制问题，这也是一种很大规模的很复杂的调整。我们今年能把第一年的调整工作做好，就是一个巨大的前进，就是为工作着重点转移创造良好的开端。"[1]

根据中央的决定，成立国务院财政经济委员会，作为决定财政工作大事的决策机构，由陈云任主任，李先念任副主任，姚依林任秘书长。4月5日至28日，中共中央召开中央工作会议，李先念做了《关于国民经济调整问题》的报告。会议决定自1979年起，用3年时间对国民经济实行以调整为中心的"调整、改革、整顿、提高"的方针。在调整中着重调整农业、轻工业、重工业，积累与消费之间的比例关系。这是十一届三中全会后对国民经济如何发展做出的一项重要决定。李先念在报告中说："我们的资金有限，技术力量不足，人口又多，搞现代化不能不考虑先化什么后化什么的问题。一定要分清轻重缓急，有一个合理的安排。""只有按比例，才有高速度。"

开始执行这个方针时，许多干部对经济比例失调的严重性认识不足，仍一股劲地急于大干快上，思想不尽一致。有些人说刚提出要三年大见成效，怎么一下子又来了个调整，接受不了。许多地方和部门仍争着上项目，只讲主观需要，不管客观可能。还有人担心强调调整会把气泄下来。因此，头两年调整的行动迟缓，特别是削减基建规模没有达到预定要求，连年出现巨额赤字，1979年的赤字达到170亿元。这是新中国成立以来最大的，这成为一个突出问题，物价上涨较多。

到1980年10月，经济中的问题暴露得更加明显，农业因灾减产，能源供应不足，特别是基本建设项目该退的没有退够，各地又盲目上

---

[1] 中共中央文献编辑委员会.邓小平文选（第二卷）[M].北京:人民出版社,1994.161页

了一批重复建设的项目，国家的开支大大超过负担能力，又没有新的重大财源，只有靠发票子来应付，两年内通货增加了50%。连续出现这样大的赤字，是支撑不下去的。如果不下决心动大手术，潜伏着的危险积累到一定程度就会爆发。但一些地方和部门只看到自己的局部，没有清醒地认识到潜伏着的巨大危险。

11月28日，中共中央举行政治局常委和书记处书记会议。陈云在会上再次强调："好事要做，又要量力而行。有人说耽误了时间，现在耽误三年时间有什么？历史上有人讲我是'右倾'机会主义，我就再机会主义一次。"邓小平同意陈云的意见，说："要考虑国务院的调整退得够不够，不退够要延长时间，真正大的调整是从明年开始。通过这次调整把生产搞得扎扎实实的，质量要搞得好一些。调整期间的权力要集中，历来克服困难都是讲集中。"李先念也发言，同意他们的意见。

12月16日至25日，中共中央召开工作会议，确定经济上进一步调整、政治上进一步安定的方针。陈云在会上说："经济形势很好，但要看到不利的一面——涨价商品的覆盖面相当大，影响人民的生活。""这种涨价的形势如果不加制止，人民是很不满意的。经济形势的不稳定，可以引起政治形势的不稳定。""搞经济建设的最后目的，是改善人民的生活。搞国防建设，也是为了保障人民生活的改善。因为只能量力而行，所以有些好事不能一时就办到。""必须指出，开国以来经济建设方面的主要错误是'左'的错误。"

邓小平在会上表示完全同意陈云的讲话。他说："为什么在实现四个现代化的过程中，会出现调整或部分后退的问题呢？这是因为，如果不调整，该退的不退或不退够，我们的经济就不能稳步前进。""所谓的某些方面要退够，主要是说，基本建设要退够，一些生产条件不足的企业要关、停、并、转或减少生产，行政费用（包括国防开支和一切企业事业单位的行政管理费用）要紧缩，使财政收支、信贷收支达到平衡。生产建设、行政设施、人民生活的改善，都要量力而行，量入为出。这就是实事求是。下决心这样做，表明我们真正解放了思想，摆脱了多年来'左'的错误指导方针的束缚。"

中央工作会议上做出了相应的决定，其中最重要的是1981年基本建设投资比上年减少40%。随后，国务院又采取措施：冻结各单位的上年存款，控制银行贷款和货币发行。下了这样大的决心，从第三年即1981年开始，情况很快有了改变。国民经济的发展在保持较高速度的条件下，降低过高指标，使农业和工业、轻工业和重工业、燃料动力业和其他工业、积累和消费的比例关系逐渐趋向合理，财政赤字大幅度缩小，降至37亿元，避免了一次潜伏着的危机发生。

和60年代初那次调整不同。那一次困难重重，只得下"壮士断腕"的决心，开始调整时生产和基本建设的总规模都不得不大幅度退下来；而这一次是边前进边调整，在前进中调整经济比例关系，降低过高指标，使各项指标的比例更加合理，生产和基本建设规模继续增长，经济平稳发展，没有出现上次那样大起大落的情况。调整中有保有压。对宝钢这样对国民经济发展有重大意义，并且工程建设进度良好的特大项目，在经过反复调查和研究后不但没有下马，而且决心干到底。以后的事实证明，这个决策是正确的。

邓小平对1980年12月中央工作会议下决心确定调整方针这件事

评价很高。他在 1983 年 3 月说："现在看起来，没有那次会议进一步明确八字方针，而且以调整为核心，就没有今天的形势。"

调整国民经济的效果十分明显。财政赤字在 1979 年最高，占国内生产总值的 3.5%，超过国际警戒线。经过调整，1981 年赤字大大缩减，在国民经济继续增长的同时，物价趋于稳定。农民在 1982 年的人均收入，比 1978 年增长一倍。城市职工家庭在 1982 年的人均收入，比 1978 年增长 38.5%。人民生活得到大幅度的改善，城乡差距在这段时期内得到缩小。

改革开放初期的这次经济调整工作的一个重要特点，就是坚持改革方向。邓小平认为，经济调整是在严重经济困难的局面下进行的，而困难局面的出现，许多因素是由于我们的经济体制和政治体制造成的，因此，不进行改革，不从根本上解决问题，国民经济就不可能走上正确的道路。他要求在调整中改革，又在改革中发展调整的成果。在解决严重的经济比例关系失调的同时，积极稳妥地全面改革经济体制。改革首先在农村全面展开，并取得了很大的成功。城市改革主要是围绕调整进行，在调整中程度不同地对所有制、计划管理形式、经营管理和分配形式等方面进行了改革。通过调整的改革，调动了各方面的积极性，搞活了经济，促进了生产的发展。国民经济的主要比例关系开始发生变化，农业与工业、重工业与轻工业、积累与消费、基本建设等方面的比例关系趋于协调。我们不但取得了国民经济调整工作的重大成果，更重要的是为新时期改革开放探索出了成功的路子，取得了丰富的经验。

中国的经济经过调整，安然度过困难时期，走上稳步发展的健康轨道，为党的十二大能够制定出本世纪内"翻两番""两步走"的较长期规划创造了重要条件。

第三节 提出"中国式的现代化"和"小康"目标

把中国建设成为一个现代化的社会主义强国，是中国共产党人为之呕心沥血的一个课题。20世纪50年代中期，毛泽东以其丰富的想象力为中国的发展设计了一张气势磅礴的宏伟蓝图，用50年到100年的时间把中国建设成为现代化的世界强国。

50年，指的是到20世纪末；100年，指的是到21世纪中叶，即中华人民共和国成立100周年。围绕这两个时间概念，新中国的设计者和建设者们制定了一个又一个的发展战略。1956年，中共八大提出，在三个五年计划或者再多一点的时间内，在中国建设成一个基本上完整的工业体系，为建设伟大的社会主义工业国而奋斗。1958年，中共八大二次会议使经济建设步入"大跃进"轨道，提出农业要用一两年的时间完成12年农业发展纲要；工业要在三年内实现原定15年的钢产量，赶上或者超过英国。

经过艰辛探索，中国共产党人提出20世纪末实现农业、工业、国防和科学技术的现代化的宏伟蓝图。1964年，根据毛泽东的提议，周恩来在三届人大一次会议上宣布：中国到本世纪末的奋斗目标是实现四个现代化。1975年，在四届人大一次会议上，周恩来抱病宣读了由邓小平主持起草的《政府工作报告》，重申到20世纪末中国将努力实现四个现代化的目标。

在粉碎"四人帮"、结束"文化大革命"后，1978年6月召开的五届全国人大制定了中国经济发展22年规划纲要，提出到20世纪末，中国将全面实现现代化，跻身于世界强国之列。

以实事求是著称的邓小平充分分析中国的实际情况，认为这个目标是很难达到的。他开始重新思考中国的现代化目标。

1978年底，以党的十一届三中全会为标志，邓小平领导中国走上了改革开放的道路。实现现代化，是邓小平倡导改革的初衷和目的。但是，什么是现代化？我们与现代化的差距究竟有多大？我们应当根据什么去规划改革的蓝图和阶段实施的目标？邓小平没有满足于现成的答案，他要到实践中去考察论证。

通过对周边国家和发达国家的考察，邓小平真实地看到了中国与发达国家的差距。他认为，这并不是22年的差距，而是50年甚至上百年的差距。鉴于这种差距，仅靠热情是无济于事的，必须按照经济发展的客观规律办事，实事求是地从中国的特点出发。由此，他开始去校正到20世纪末中国的经济发展目标了。

1979年，邓小平开始精心设计中国现代化的宏伟蓝图。3月23日，他在中央政治局会议上说："我同外国人谈话,用了一个新名词——中国式的现代化。到本世纪末，我们大概只能达到发达国家70年代的水平，人均收入不可能很高。"又过了一个星期，他在党的理论工作务虚会上对中国现代化问题发表了重要见解。他说,过去搞民主革命，要适合中国情况；现在搞建设，也要适合中国情况，走出一条中国式的现代化道路。要使中国实现四个现代化，有两个重要特点必须看到：一个是底子薄，一个是人口多。中国式的现代化必须从中国的特点出发。

这一年的 7—8 月，邓小平用了将近两个月的时间，先后视察了安徽、上海、山东、天津等地。他一个地方一个地方地调查，一笔一笔地算账，一幅实事求是的适合中国国情的到 20 世纪末的经济发展宏伟蓝图在他的头脑中日益清晰了起来。回到北京后不久，他在省、市、自治区第一书记座谈会上指出："我们开了大口，本世纪末实现四个现代化。后来改了个口，叫中国式的现代化，就是把标准放低一点。我们还是要艰苦奋斗。就是降低原来的设想，完成低的目标，也得很好地抓紧工作，要全力以赴，抓得很细、很具体、很有效。四个现代化这个目标，讲空话是达不到的。"

邓小平的这些话，已经明确无误地表明了他对于到 20 世纪末中国经济发展战略的认识。

1979 年 12 月 6 日，邓小平在北京人民大会堂会见了前来中国进行国事访问的日本首相大平正芳。中日两国首脑的会晤，引起了世界的关注。大平正芳是一位卓越的经济学家。在 20 世纪 60 年代初期，他曾提出一个日本未来 10 年收入倍增计划，即到 1970 年，实现日本经济比 1960 年翻一番，在这个基础上争取进入以后每隔 10 年日本的国民收入成倍增长的良性循环。这个规划目标明确、论证合理、措施得力，很快被确认和实施。结果，到 1970 年，10 年倍增计划完满实现，日本经济上了一个新的台阶。

大平正芳也密切关注着中国的发展。中国政府一直宣称，要到 20 世纪末实现四个现代化，这意味着什么，日本人包括大平正芳在内并不十分清楚。这次大平正芳率领一个包括许多金融巨子在内的庞大代表团到中国来，主要是商讨向中国投资的问题。这种投资有无风险、

1979年12月，邓小平会见日本首相大平正芳，向客人解释"中国式现代化"的含义，第一次提出"小康"概念

成效如何，在很大程度上取决于中国的经济发展战略是否实事求是、符合国情。

在会谈中，大平正芳突然问邓小平："中国根据自己独立的立场提出了宏伟的现代化规划，要把中国建设成伟大的社会主义国家。中国将来会是什么样？整个现代化的蓝图是如何构思的？"对于大平正芳提出的这个问题，邓小平没有马上回答，他陷入了沉思。

经过一分钟的思考，邓小平提出了一个著名的、影响中国今后几十年命运的设想。他说："我们要实现的四个现代化，是中国式的四个现代化。我们的四个现代化的概念，不是像你们那样的现代化的概念，而是'小康之家'。到本世纪末，中国的四个现代化即使达到了某种目标，我们的国民生产总值人均水平也还是很低的。要达到第三世界中比较富裕一点的国家的水平，比如国民生产总值人均一千美元，也还得付出很大的努力。就算达到那样的水平，同西方来比，也还是落后的。所以，我只能说，中国到那时也还是一个小康的状态。"[1] 小康目标就这样提出来了。把到 20 世纪末实现四个现代化，达到世界发达国家的水平，改为到 20 世纪末达到第三世界中比较富裕一点的国家的水平，实现小康，这是中国经济发展战略的一个意义重大的变化。小康目标一经提出，立刻引发了国内外的强烈反响，很快，这个目标就为全党所接受，并成为全国人民的共识。从此，"小康"一词不胫而走。

"小康"一词代表了千百年来中国人对衣食无忧、平安幸福生活的热切企盼与向往。邓小平以无产阶级革命家的人民情怀，把"小康"首次引入了国家的战略发展目标，使国家战略目标同人民群众的生活密切地联系起来。从而使长期以来十分抽象的经济发展战略，变成了与每一个中国人利益攸关的具体的、明确的发展目标。这就使得小康目标既能为广大的中国百姓所熟知，又易于为世界各国所理解，还能根据世界经济发展水平进行调整，使之成为一个生动的、动态的、开放式的发展目标。此后近 40 年，"小康"一词成为形容中华大地翻天覆地变化的热词——小康生活、小康水平、小康社会、全面建设小康社会、全面建成小康社会……

1000 美元的小康水平是怎么计算出来的？1978 年中国人均国民生产总值是 250 美元。这一标准是 1979 年 7 月 28 日邓小平在青岛接

---

[1] 中共中央文献编辑委员会.邓小平文选（第二卷）[M].北京：人民出版社，1994.237页

1983年2月,邓小平同中共江苏省委负责人谈"翻两番"

见山东省委和青岛市委负责人时确定的。他说:"如果我们人均收入达到1000美元,就很不错,可以吃得好,穿得好,用得好,还可以增加外援。"这就意味着20世纪末在1978年的基础上翻两番。

为了实现20世纪末达到人均1000美元的目标,邓小平提出分成前后两个10年:"设想十年翻一番,两个十年翻两番,就是达到人均国民生产总值1000美元。"

根据邓小平的设想,党的十二大报告提出:"从1981年到本世纪末的 20 年，我国经济建设总的奋斗目标是，在不断提高经济效益的前提下，力争使全国工农业的年总产值翻两番，即由 1980 年的 7100 亿元增加到 2000 年的 28000 亿元左右。实现了这个目标，人民的物质文化生活可以达到小康水平。"同时提出，"在战略部署上要分两步走：前十年主要是打好基础，积蓄力量，创造条件，后十年要进入一个新的经济振兴时期。"

那么，小康社会到底是个什么样子？它的具体标准是什么？它到底能不能实现？

1983 年春节前夕，邓小平去了经济发展较快的江浙地区，到实践中去论证。他得到了满意的答案。回到北京后，他同几位中央负责同志谈话时，列举了苏州农村的新面貌、新气象，介绍了在苏州了解到的达到小康目标时的社会状况和六条标准，高兴地说："看来，四个现代化希望很大。"

"小康"之后怎么办？邓小平在提出"小康"的过程中就已经在考虑 70 年的发展蓝图。

早在 1980 年 11 月 11 日，他会见新加坡总理李光耀时说："中国要摆脱自己的贫困，绝不是本世纪末的事情，甚至于还需花下个世纪的一半时间才能达到。"这个时间算起来，整整 70 年。

1982 年中共十二大召开前夕，他会见联合国秘书长德奎利亚尔时描绘了这个 70 年蓝图："我们摆在第一位的任务是在本世纪末实现现代化的一个初步目标，这就是达到小康的水平。如果能实现这个目标，我们的情况就比较好了。更重要的是我们取得了一个新起点，再花 30 年到 50 年时间，接近发达国家的水平。"

党的十二大报告中只提到翻两番，并没有提出之后的具体目标。

经过几年实践的检验，邓小平在1984年下半年形成了明确的判断，这就是我们第一位的翻两番任务肯定能够实现。他在10月的一次会议上说："翻两番还有个重要意义，就是这是一个新的起点。再花30年到50年时间，就可以接近经济发达国家的水平。"

把邓小平这个70年设想变成全党共识和国家大政方针，花了7年时间，到党的十三大逐步完成。

1986年，邓小平开始细化70年规划中后50年的设想。他会见外宾时幽默地说："我们定的目标是到本世纪末（还有14年），摆脱贫困，实现一个小康的社会。所谓小康社会，就是不富裕，但是日子好过。至于下一个世纪，那不是我的事了，我采取不介入态度（众笑），总不可能活到100岁嘛。但是，我们现在有权制定一个战略目标。到下个世纪，花30年到50年时间接近发达国家的水平，那个时候，才能说我们这个人口这么多、地方这么大的中国对人类做出了贡献。这才真正是为实现我们的理想—实现共产主义做了准备，创造了条件。"

1986年4月，他提出4000美元的概念。这是第二个翻两番的规划，即由20世纪末人均国民生产总值由1000美元增至21世纪中叶的4000美元。7月，他提出三步走的初步概念。

1987年4月，邓小平又进一步明确提出三步走的概念和设想。不过，有一个细小的变化，就是他不再着重提第二个翻两番的问题，只是笼统地提"中等发达国家的水平"。4月30日，他会见西班牙工人社会党副总书记、政府副首相阿方索·格拉一行，在谈话中完整、系统地阐述分三步走实现现代化的发展战略。之后，邓小平在不同场合反复阐述三步走的设想。

1987年10月，党的十三大报告对此做了确认，提出我国经济建设的战略部署大体分三步走。第一步，实现国民生产总值比1980年翻一番，解决人民的温饱问题；第二步，到本世纪末，使国民生产总值再增长一倍，人民生活达到小康水平；第三步，到下个世纪中叶，人均国民生产总值达到中等发达国家水平，人民生活比较富裕，基本实现现代化。

第四节 支持农村改革

党的十一届三中全会前后，改革开放思想不仅在中央高层内部酝酿，人民群众也开始出现自发改革行为，地方政府积极推进基层试点改革。中国的改革首先从农村经济体制打开缺口，而农村改革是被贫困和饥饿逼出来的。农村改革首先在中国偏远及较为贫苦的地区悄然兴起，20世纪五六十年代一度在农村中实行过的包产到户生产责任制被"请"了回来。安徽和四川是中国农村改革的先行者。

在1961年至1962年的经济调整中，安徽省就在比较大的范围内搞了包产到户，收到比较好的效果。这引起了中央领导人的高度重视。1962年5月，邓子恢到福建等地调查后回来向中央报告，提出在农业生产中要实行"生产责任制"。同期，陈云提出分田到户的主张，并就用重新分田的办法来刺激农民生产积极性、恢复农业产量问题与中央政治局几位常委交换意见。刘少奇、周恩来和邓小平不同程度地赞成

安徽凤阳小岗生产队"大包干"带头人

这些意见。邓小平当时的答复是，分田到户是一种方式，可以用各种各样的方式。7月2日，邓小平在中共中央书记处会议讨论农业如何恢复的问题时指出，不管黄猫、黑猫，哪一种方法有利于恢复生产，就用哪一种方法。7月7日，他在接见共青团三届七中全会全体人员的讲话中，更明确地指出，农业本身的问题，现在看来，主要还得从生产关系上解决。生产关系究竟以什么形式为最好，恐怕要采取这样一种态度，就是哪种形式在哪个地方能够比较容易比较快地恢复和发展农业生产，就采取哪种形式；群众愿意采取哪种形式，就应该采取哪种形式，不合法的使它合法起来。他还再次阐述了后来被人们称为"猫论"的观点："刘伯承同志经常讲一句四川话：'黄猫、黑猫，只要捉住老鼠就是好猫。'这是说的打仗。我们之所以能够打败蒋介石，就是不讲老规矩，不按老路子打，一切看情况，打赢算数。现在要恢复农业生产，也要看情况，就是在生产关系上不能完全采取一种固定不变的形式，看用哪种形式能够调动群众的积极性就采用哪种形式。""黄猫、黑猫，只要捉住老鼠就是好猫。"实际上是四川的一句俚语。邓小平的这个比喻不胫而走，只是流传中把"黄猫"说成了"白猫"。他的这种思想观点，特别是坚持以发展生产力为标准变革生产关系的思想，成为十多年后中国改革开放的思想源头之一。

1977年11月，中共安徽省委就根据安徽农业的实际，下发了《关于当前农村经济政策几个问题的规定》（简称"省委六条"）。其主要内容是，尊重生产队的自主权；落实按劳分配制度；减轻生产队和社员负担；允许和鼓励社员经营自留地和正当的家庭副业；搞好农村经营管理，允许生产队根据不同农活建立不同的生产责任制，可以组织作业组，只需个别人完成的农活，也可以责任到人；队干部参加集体生产劳动等。这是粉碎"四人帮"后全国出现的第一份有关农村政策的突破性文件，一出台立刻受到广大农村干部和群众的热烈欢迎，并迅速引起了各方面关注。

1978年春，邓小平在出国访问路过成都时看到了安徽"省委六条"。他当即对四川省委负责人说："在农村政策方面，你们的思想要解放一些，万里在安徽搞了个'六条'，你们可以参考。"邓小平还亲自将一份安徽"省委六条"交给了四川省委负责人。不久，四川省委也制定出关于农村经济政策的十二条规定。

安徽"省委六条"的制定拉开了安徽农村改革的大幕。而凤阳县小岗生产队农民于1979年春首创包干到户。1978年11月20日，在凤阳县委召开的四级干部会议上，有人提出联产计酬太麻烦，不如实行"大包干"。在会议小组讨论中，梨园公社石马大队书记谈到该大队有个小岗生产队，全队分成4个作业组，年底分红时，该给国家的给国家，该留集体的留集体，剩下的归作业组自行分配。大家认为这种办法比上缴生产队联产计酬更好，是一个包到底的办法，干脆叫作"大包干"。尽管这次会议没有通过实行"大包干"的具体办法，但"大包干"的实践探索已经出现并在迅速发展。

由于农民们发明的包干到户的责任制形式既克服了生产管理上过分集中的弊病，又解决了农户和农户之间分配上的平均主义，充分调动了广大农民的生产积极性，促进了生产的发展，因而深受农民的欢迎。到1980年，凤阳、肥西几乎全县，以及邻近的不少县，都实行了包干到户，全国不少省也开始实行这种责任制形式。

实行联产承包，意味着对"三级所有，队为基础"的人民公社体制的彻底否定，许多人在感情上难以接受。随着包干到户的大范围推行，对它的责难也纷至沓来，各种各样的指责、议论、争论首先出现在安徽，继而遍及全国上下。有些人认为，包干到户是"复辟倒退"，犯了"方向错误"；有人感慨："辛辛苦苦几十年，一夜退到解放前。"有人给中央写信说："毛主席领导我们组织起来，被你们这些败家子一锤打散了，想起来真是痛心。"一家在国内很有影响的杂志发表了一篇题为《分田单干必须纠正》的文章，对安徽等地实行的包干到户的做法进行了公开批判，指责包干到户就是"分田单干"，要求人们反对"分田单干和包干到户的错误做法"。

对于农村改革这个新生事物，领导层的意见也不统一。1979年，中央召开工作会议，讨论生产责任制问题，只有少数省委书记明确表态支持。人们都在等待中央的指示。

邓小平对改革开放后迅速兴起的农村改革及其争论很关注。他不仅多次听取万里等人对农村搞包产到户、包干到户情况的汇报，而且花了许多精力翻阅了大量材料，对包产、包干到户等农村改革的政策给予了积极的肯定和支持。他认为，对于农村改革这一新生事物，应"允许看，但要坚决地试"。曾有人问邓小平，对"黄猫黑猫"这个说法现在怎么看？他回答："第一，我现在不收回；第二，我是针对当时的情况说的。"邓小平还提议派出中央调查组深入农村认真研究改革问题。

然而，一波未平，一波又起。3月15日，《人民日报》发表了一封人民来信，并加了"编者按"，强调要稳定地实行"三级所有，队为基础"的制度，不能从"队为基础"退回去，搞分田到组，包产到户。一纸"编者按"，搅乱了中国农民的心，在安徽，一些搞了生产责任制的地方更是人心惶惶。大潮初起的农村改革面临夭折的困境。

关键时刻，邓小平明确表态了。1980年5月30日，邓小平发表关于农村政策问题的重要谈话，他明确指出：农村政策放宽以后，一些适宜搞包产到户的地方搞了包产到户，效果很好，变化很快。安徽肥西县绝大多数生产队搞了包产到户，增产幅度很大。"凤阳花鼓"中唱的那个凤阳县，绝大多数生产队搞了大包干，也是一年翻身，改变面貌。有的同志担心，这样搞会不会影响集体经济。我看这种担心是不必要的。我们总的方向是发展集体经济。实行包产到户的地方，经济的主体现在也还是生产队。这些地方将来会怎么样呢？可以肯定，只要生产发展了，农村的社会分工和商品经济发展了，低水平的集体化就会发展到高水平的集体化，集体经济不巩固的也会巩固起来。关键是发展生产力，要在这方面为集体化的进一步发展创造条件。邓小平特别强调："现在农村工作中的主要问题还是思想不够解放"，做事情要"从当地具体条件和群众意愿出发，这一点很重要"。他的明确态度对于促进方兴未艾的农村改革无疑产生了重要作用。

邓小平谈话之后，党中央及时派出了大批理论工作者和实际工作者，分赴10多个省进行调查研究。在此基础上，党中央于1980年9月召开了各省、市、自治区第一书记座谈会，专门讨论加强和完善农业生产责任制问题。座谈会肯定了十一届三中全会以来农村出现的各种责任制形式，明确提出生产队领导下实行的包产到户是依存于社会主义经济的，不会脱离社会主义轨道，没有什么复辟资本主义的危险，因而并不可怕。这次会议的纪要作为1980年中共中央75号文件下发后，对包干到户在全国的推广起了重要作用。

1981年12月，全国农村工作会议在北京召开。会议在总结1981年经验的基础上，产生了1982年一号文件，即《全国农村工作会议纪要》。文件明确指出："目前实行的各种责任制，包括小段包工定额计酬，专业承包联产计酬，联产到劳，包产到户、到组，包干到户、到组，等等，都是社会主义集体经济的生产责任制。"第一次正式肯定了包产到户等农业生产责任制的社会主义性质。

群众的实践不但检验了理论，而且推动了理论的发展，促进了理论的升华。1983年中央一号文件，进一步对联产承包责任制做出高度评价,指出:"联产承包责任制采取了统一经营与分散经营相结合的原则,使集体优越性和个人积极性同时得到发挥。这一制度的进一步完善和发展,必将使农业社会主义合作化的具体道路更加符合我国的实际。这是在党的领导下我国农民的伟大创造,是马克思主义农业合作化理论在我国实践中的新发展。"

1983年中央一号文件标志着家庭联产承包责任制作为农村改革的一项战略决策正式确立。至此,"包"字彻底冲出了"禁区",走出了"地下",由"倒退复辟"的代名词而正名为适合和促进我国农村生产力发展的具有社会主义集体经济性质的劳动形式。"包公"正式登堂,以包干到户为主要形式的联产承包责任制终以摧枯拉朽之势席卷全国。到1983年初,全国农村实行包产到户的生产队达93%,农村的经济面貌发生了根本变化。

农村改革的前几年,即从1979年到1984年,全国农业总产值增长55.4%,平均每年递增7.9%,比1978年以前的26年的平均增长速度高1.8倍。与此同时,主要农产品产量全面提高,全国粮食产量平均每年增长4.95%,比1978年以前的26年平均增长率高一倍多。以包干到户为主要形式的联产承包责任制,确实对发展农业生产、繁荣农村经济起到了显著作用。

邓小平说:"农村搞家庭联产承包,这个发明权是农民的。农村改革中的好多东西,都是基层创造出来的。"

由联产承包责任制起步的农村改革,有力地推动了农业生产的发展,促进传统农业逐步向专业化、商品化、现代化方向发展。农村改革中一个人们未曾预料到的大收获,是乡镇企业的异军突起。

1981年8月，邓小平走进哈萨克牧民毡房，体察牧民生活情况

1983年2月，邓小平参观上海曲阳新村知青菜场

1980年7月,邓小平在峨眉山的山道上向乡亲问候

　　乡镇企业是从原来的人民公社和生产大队所办的企业,即社队企业的基础上发展而来的。随着联产承包责任制的实行和不断完善,特别是"政社合一"的人民公社体制的改革,农村出现了一大批专业户和重点户,并形成了各种经济联合体。这开辟了新的生产门路,妥善安排了不断出现的多余劳力,充分利用了农村的剩余劳动时间,也逐

步改变了8亿人搞饭吃的局面,使农村商品经济得到充分发展,农村真正逐步富裕起来,开拓了一条符合我国国情的农村现代化的新路。

邓小平后来在与外国友人的谈话中高兴地说:"改革以来,我们完全没有预料到的最大的收获,就是乡镇企业发展起来了,突然冒出搞多种经营,搞商品经济,搞各种小型企业,异军突起。"

改革开放以来,我们党领导农民率先拉开了改革序幕。家庭联产承包责任制打响了农村改革第一枪。"大包干大包干,直来直去不拐弯","交够国家的,留足集体的,剩下就是自己的"。实行家庭承包经营为基础、统分结合的双层经营体制,乡镇企业异军突起,农民工进城打工,废除延续两千多年的农业税,统筹城乡发展,改善农村基础设施,发展农村社会事业,农业、农村发生了翻天覆地的巨变。

第五节 推动企业改革的起步

自新中国成立起,我国的城市经济体制是建立在国有制企业和集体所有制企业为基础的、高度集中的计划经济体制。在企业管理方面,借鉴苏联的经验,其特点是国家用指令性计划手段直接干预企业生产经营活动,企业生产按计划进行,产品由国家统一调拨,对市场机制利用不足。随着我国社会主义建设规模日益扩大,这种企业管理体制的弊病越来越充分暴露出来。这就是指令性计划部分过大过死,企业成为国家的行政附属物,普遍形成"企业吃国家大锅饭,职工吃企业大锅饭"的状况。又加上"文化大革命"中盲目下放企业、否定按劳分配原则,企业内部管理涣散,普遍存在着无人负责的现象,使高度集中的企业管理体制既僵化又混乱。粉碎"四人帮"后，这种状况仍未得到根本扭转。

党的十一届三中全会公报指出："现在我国经济管理体制的一个严重缺点是权力过于集中，应该有领导地大胆下放，让地方和工农业企业在国家统一计划的指导下有更多的经营管理自主权。"

扩大企业自主权，首先需要处理好国家和企业的利益关系，核心是国家向企业放"权"放多少、让"利"让多少。这个问题解决不好，就难免引起国家与企业之间的利益摩擦。在原有体制下，国家对国有工业企业在财政上统收统支，企业全部收入都直接上交国家财政，企业无权自行支配，需要用钱时得向国家申请，由财政部门核准拨款。如果国家对企业"放权让利"不当，势必减少国家的财政收入，影响财政平衡。

1979年7月，全国工业交通增产节约工作会议在四川成都召开。会议讨论了《关于扩大国营工业企业经营管理自主权的若干规定》《关于国营企业实行利润留成的规定》《关于开征国营工业企业固定资产税的暂行规定》《关于提高国营工业企业固定资产折旧率和改进折旧费使用办法的暂行规定》《关于国营工业企业实行流动资金全额信贷的暂行规定》等五个文件。扩权内容最重要的有两条：一是在利润分配上，给企业一定比例的利润留成；二是在权力分配上，给企业一定的生产计划、产品购销、资金运用、干部任免、职工录用等方面的权力，以打破企业是政府机关的附属物，吃国家"大锅饭"的体制。其基本思路是搞活企业，希望企业经营的好坏同企业职工的物质利益直接挂钩，以调动企业和职工的积极性。但是，企业改革刚刚兴起，围绕企业扩权问题有着激烈的争论，五个文件实际上对企业放权和让利都很有限。

对企业"放权让利"问题，邓小平一直在思考。1979年8月，他在天津考察时，就工业企业管理体制改革问题谈了许多新思想。当谈到要用建立公司的办法管企业时，邓小平指出："建立的公司不能成为行政机构。建立公司的目的是用经济办法管理经济，是为了企业化，实行独立核算。"在谈到建设资金不足的问题时，邓小平说："国家分配资金不是好办法，今后可以搞银行贷款的办法，贷款要付利息，它就要精打细算了。"邓小平这些话，就是要把企业办成独立核算、自负盈亏的经济实体，让企业自我发展，走向市场。

10月4日，在省市自治区党委第一书记座谈会上，邓小平发表了关于经济工作的几点意见，其中关于企业改革，总的思想是减少各部门对企业的行政干预，用经济办法管理经济。他指出：扩大企业自主权，这一条无论如何要坚持，这有利于发展生产。过去我们统得太死，很不利于发展经济。有些需要下放的权力，需要给地方上一些，使地方财权多一点，活动余地大一点。在讲到企业资金来源问题时，邓小平要求把财政对企业的无偿拨款改为银行对企业的有偿贷款，"这个制度必须改革"，使银行的行为具有商业性，"把银行真正办成银行"。

这次讲话后，邓小平意犹未尽。10月8日，他再次出席会议，关于扩大企业自主权问题，他又补充谈了三点意见，指出：一是扩大企业自主权与增加国家财政收入并不矛盾，实际上国家收入会比原来多；二是对搞得不好的人员和企业要淘汰，打破"大锅饭"，有利于提高管理水平和技术水平，提高劳动生产率；三是改变统购包销的销售制度，企业生产的不合格产品，国家不收。

邓小平的这些讲话，是城市经济体制改革起始阶段的一个系统的设想，指明了城市经济管理体制的改革方向。他的讲话在每一个问题上都是超前的，其中许多思想是在多年以后的改革实践中才逐步得到落实。例如，在"把银行办成真正的银行"的思想下，财政对企业的拨款改成了银行贷款，是企业建立自负盈亏机制的重要一步；在"搞得不好的企业要淘汰"的思想下，后来逐步形成了企业破产制度，制定了企业破产法；在"不合格的产品国家不收"的思想下，企业的产品开始进入市场流通，卖得出去就实现价值，卖不出去而积压在仓库里的，就属于生产过剩的积压品，由企业自负责任。这样，企业就逐步迈上了走向独立经济实体的路径。

到1980年年底，扩大企业自主权的试点单位已经达到6000多个，这些单位的产值占全部工业总产值的60%左右。当年12月，中共中央召开工作会议，确定为了集中精力搞好调整，主要抓好这6000多个扩权试点企业，总结经验，巩固提高，试点面不再扩大。邓小平在会议中对试点经验做了积极的评价，说："怎样把国家利益、企业利益、职工利益比较好地结合起来，调动各方面的积极性，我们开始找到了门路。"

邓小平关注的另一个问题，就是怎样在企业中更好地体现党的领导作用，从领导制度上保证企业真正按经济规律办事。

1980年7月，邓小平在武汉视察工作期间，听取胡耀邦、赵紫阳、姚依林汇报制定"六五"计划和长远规划的一些基本设想时，对改革企业领导体制的考虑已经基本成熟。他指出：国务院要取消好多个部，这是一场很大的革命，体制改革就从这里入手。体制改革，核

197 / 第五章 开局——转折与新路

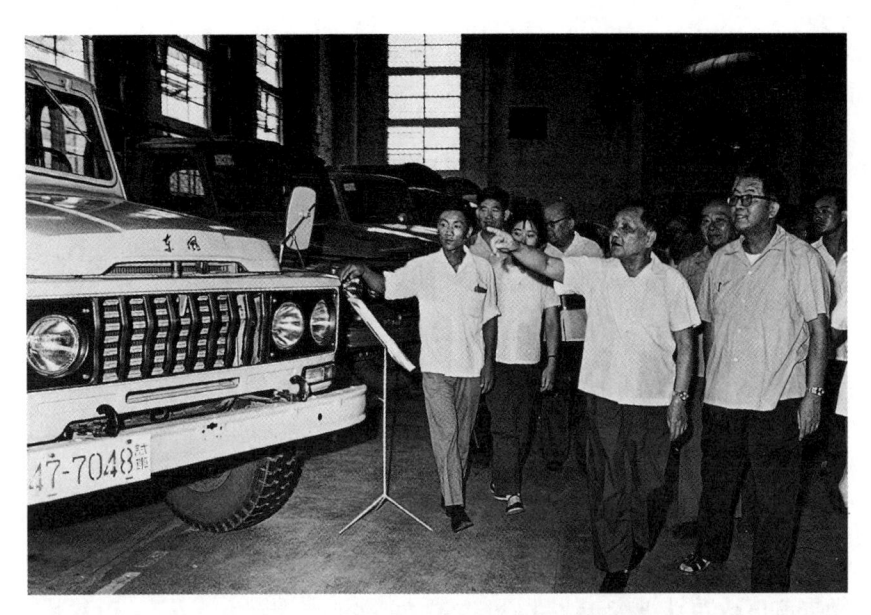

1980年7月，邓小平在中国第二汽车制造厂总装厂询问有关车型的性能

1980年7月，邓小平视察武汉钢铁公司

心是搞好专业化，搞公司制度。公司完全按照经济办法搞，要有独立经营权、用人权。要用经济的办法管理经济，不然就是吃大锅饭。要搞董事会，或者联合委员会，定大政方针，起监督作用。

8月18日，邓小平在中央政治局扩大会议做《党和国家领导制度改革》的讲话时，公开明确提出要"有准备、有步骤地改变党委领导下的厂长负责制、经理负责制，经过试点逐步推广，分别实行工厂管理委员会、公司董事会、经济联合体联合委员会领导和监督下的厂长负责制、经理负责制"。

邓小平关于实行工厂管理委员会、公司董事会、经济联合体联合委员会领导和监督下的厂长负责制、经理负责制的设想，是我国企业领导制度改革认识的一个飞跃。

高度集中的计划经济体制的另一个重大弊病，是在指导思想上片面追求"一大二公"的模式，为了把所有制结构搞成单一的公有制，而片面否定多种经济成分，并不断地把集体所有制向全民所有制升级过渡。在这种指导思想下，我国城市难以安置的就业人口被下放到农村。20世纪70年代后期，全国有1000多万在"文化大革命"期间上山下乡的知识青年开始返回城镇，他们中相当一部分人找不到工作，变成了城市待业青年，需要安置就业。城市中每年不断出现的几百万中学毕业生，也需要安置就业。这样，多年积累下来的将近2000万待业人口的就业问题，突出地涌现出来。

怎样安置就业？这是邓小平一直考虑的问题。1978年2月初，邓小平在四川视察时就提出，就业问题要通过发展经济、发展多种产业来解决，要靠自己开辟门路。这之后，他经常谈起城市劳动力的就业

1984年国庆游行队伍中出现的反映经济特区建设的彩车

问题,强调过去采取上山下乡安置城市人口就业的办法难以为继,不是一个长久之策,出路只能是改变城市的产业结构,开辟新的就业领域。对于怎样在城市里开辟新的就业领域问题,邓小平提出过搞建筑业、服务业等许多设想。

8月,邓小平在听取文化部负责人汇报工作时,也就城市待业青年就业问题指出:我们要重视开辟各种行业,不能一提总是上山下乡,这样道路越走越窄。上山下乡一年国家要拿十几个亿,还要同农民争口粮，结果还不是都跑回来了？我们要开辟很多行业，开辟为工业、农业服务的行业。文化也是一门行业，一个领域，这个领域是为劳动者服务的行业。随着生产的发展，精神方面的需要就增大了。这样，反过来就会刺激其他行业。

为了解决知识青年和城市待业人口的就业问题，邓小平反复强调的一个办法，就是广开门路，多办一些集体经济。邓小平不但对扩大集体所有制积极支持，为了充分安置就业，他还大力倡导发展个体所有制经济。在"文化大革命"中，个体所有制被当成搞资本主义而加以限制。当时，国外有一些思想保守的人认为，中国恢复个体所有制就是搞资本主义。邓小平否定了这种意见。1980年12月，他在中央工作会议的讲话中明确表示："继续广开门路，主要通过集体经济和个体劳动的多种形式，尽可能多地安排待业人员。"1981年8月，他又在会见香港知名人士傅朝枢时说："个体经济作为社会主义经济的补充，新中国成立后一直存在，'文化大革命'期间被取消，现在又恢复了。外国有人认为这是搞资本主义，是不正确的。"

为了鼓励集体、个体经济的进一步发展，1981年10月，中共中央、国务院发出《关于广开门路，搞活经济，解决城镇就业问题的若干决定》。《决定》指出："在社会主义公有制经济占优势的前提下，实行多种经济形式和多种经营方式长期并存，是我党的一项战略决策，决不是一种权宜之计。只有这样，才能搞活整个经济，较快较好地发展各项建设事业。"[1] 这之后，各地对发展城镇集体和个体经济放宽了

---

[1] 中共中央文献研究室. 三中全会以来重要文献选编 [M]. 北京：中央文献出版社，2011.296 页

政策，从多方面提供便利条件。

在邓小平的倡导下，中外合资、合作经营及外资独资企业也纷纷出现。从此，中国在所有制结构上，开始突破国家所有制和集体所有制这两种公有制一统天下的局面，初步形成了公有制为主体，多种所有制并存的格局。

第六节　经济特区成为对外开放的窗口

1979年改革开放最大的实践突破就是创办经济特区。现在的深圳经济特区起初就是在广东省宝安县（1993年1月，撤销宝安县，设立宝安、龙岗两区）一块叫作蛇口的荒凉土地上起航的，规划面积仅2.14平方千米。那时的深圳，有的只是被抓到的偷渡者和荒芜的稻田。深圳河的对岸，就是当时被誉为"东方之珠"的香港，作为自由港，经济发展速度之快为世界瞩目。"偷渡者"来到这里，就是为了找到生活的出路。"逃港"，成了广东最为头疼的一个问题。1977年11月，广东省委将"逃港"事件向正在广州视察的邓小平做了汇报。邓小平听后意味深长地说："逃港，主要是生活不好，差距太大。看来我们的政策有问题。"

1978年年初，针对广东等省地处中国南部、毗邻港澳、华侨众多的特点，中央提出面向港澳和海外的发展思路。

这年4月，国家计委副主任段云带领的一个经济贸易考察组奔赴香港、澳门，考察他们经济飞速发展的奥秘。回来后，他们写了一份《港澳经济考察报告》。《报告》建议借鉴港澳经验，把靠近港澳的广东宝安、珠海划为出口基地，实行一些特殊政策，大力发展对外加工装配业务。

实际上，早在 400 多年前，世界上第一个自由港就出现了，这就是成立于公元 1547 年的意大利热那亚自由港。随后，自由港、自由贸易区、出口加工区、促进投资区，这些各式各样的"经济特殊"区域在地球的各个角落不断涌现。凭借这些特殊的舞台，无论是发达国家还是发展中国家和地区都积极参与国际市场，扩大出口，吸引投资，增加就业，经济得以迅速发展。

6 月，华国锋、邓小平、李先念等中央领导人听取了考察组的汇报，原则上同意他们的提议，并要求"说干就干，把它办起来"。会后邓小平在一次谈话中又明确提出：不仅宝安、珠海可以这样搞，广东、福建的其他县也可以这样搞。大家一致认为，看准了，就要抓落实。党和国家的最高领导层已初步形成了对外开放一些领域的共识和决心。

恰在此时，交通部党组向党中央和国务院提交了一份《关于充分利用香港招商局问题的请示》。这份请示突破多年来的思想禁锢，大胆提出在内地沿海建立一个同时能够利用内地廉价土地、劳动力和国外资金、技术的出口加工基地的想法。这一想法得到了李先念的支持。

1979 年 7 月，蛇口招商局工业区基础工程正式破土动工。

蛇口工业区的筹划创办，给了广东、福建两省很大的启迪。经过反复酝酿，1979 年初在传达和贯彻十一届三中全会精神期间，广东省委提出了广东可以利用靠近港澳的优势，实行一些较为特殊的优惠政策，在沿海地区设立出口加工基地，以加快经济发展的设想。

同年4月中央工作会议期间，广东省委第一书记习仲勋等向中央汇报了这一设想。他说，广东临近港澳，华侨众多，应充分利用这个有利条件，积极开展对外经济技术交流。这方面，希望中央给点权，让广东先走一步，放手干。现在省里的地方机动权力太小，国家和中央统得过死，不利于国民经济的发展。我们的要求是在全国的集中统一领导下，放手一点，搞活一点。这样做，对地方有利，对国家有利，是一致的。在这期间，中共福建省委也向中央提出要求实行特殊政策和灵活措施的建议。

4月17日，邓小平出席中央工作会议各组召集人汇报会议。习仲勋在汇报时，代表广东省委正式向中央提出广东要求实行特殊政策、灵活措施以及创办加工贸易区的建议。邓小平在谈话中指出，广东、福建实行特殊政策，利用华侨资金、技术，包括设厂，这样搞，不会变成资本主义。如果广东、福建两省8000万人先富起来，没有什么坏处。邓小平的这几句话讲得很有分量，可谓"一言九鼎"！这次中央工作会议讨论决定，在深圳、珠海、汕头、厦门划出一定的地区单独进行管理，作为华侨和港澳商人的投资场所。

会后，习仲勋又面见邓小平直接做了汇报。邓小平非常赞同广东富有创意的设想。对于"出口加工贸易区"这个名称，邓小平深思熟虑后说，还是叫"特区"好，可以划出一块地方，叫作"特区"。过去陕甘宁就是特区嘛。这是邓小平第一次提出"特区"这个概念，成为日后"经济特区"的由来和简称。当谈到解决配套建设资金时，邓小平说："中央没有钱，可以给些政策，你们自己去搞，杀出一条血路来。"

习仲勋回到广东后在向省委常委传达中央工作会议精神时，则更加明确强调，广东要先走一步，不光是广东的问题，是关系到整个国家的问题，是从全局出发的。又说，广东这事，今天不提明天要提，明天不提后天要提。中国社会发展到现在，总得变，你不提，中央也会提。拼老命我们也要干。

5月，为帮助广东、福建两省进行研究论证，提出具体实施方案，国务院副总理谷牧受中央委托，带领工作组南下广东、福建，展开调研。临行前，邓小平还跟谷牧反复地强调，要杀出一条血路来。工作组与两省的领导、专家多次沟通、调研、论证，大家理出了一个基本思路：要把两省潜在的经济优势发挥出来，必须对经济体制进行改革，改革过分集中的计划经济体制，调动地方的积极性。

谷牧在广东视察时多次强调，我们不能再"睡觉"了，要"醒"过来，来一个大转变。他又说：要杀出一条血路，创造经验。广东要更开放一些。

根据工作组的意见，6月6日和6月9日，广东、福建两省分别将《关于发挥广东优越条件、扩大对外贸易、加速经济发展的报告》和《关于利用侨资、外资，发展对外贸易，加速福建社会主义建设的请示报告》呈送中央。

7月15日，中共中央、国务院以"中发【1979】50号"文件正式批转两省报告，批准两省在对外经济活动中实行特殊政策和灵活措施，并决定在深圳、珠海、汕头、厦门4个市分别划出部分地区，兴办出口特区。在特殊政策和灵活措施方面，企事业单位下放、财政包干、扩大外贸权限、搞活金融等前所未有的新字眼在文件中出现了。

邓小平和谷牧在一起

而出口特区在经济上实行的开放政策包括:(1)外商办厂受我国的法律保障;特区需要进口物资和出口产品,实行减免税制;外商所得的合法利润,在交纳各项税款之后,可以按有关规定汇出;简化人员的出入手续。(2)特区设中国银行的机构,可同中国银行港澳分行直接往来,开立账户,办理结账手续。(3)特区的工资,可高于全国和广东省的平均水平,我方在外资企业和合营企业的人员,其所得的外币工资上缴,按特区的工资标准,付给人民币。(4)具体的管理办法,要根据上述原则尽早制定细则,并建立海关、商检、检疫、边检、银行、邮电等机构,办理有关业务。

为了进一步推动特殊政策和灵活措施的落实,1980年3月,谷牧又一次南下,在广州主持召开两省工作会议,会议对特区建设的方针进行了详细的研究,把举办特区的构想初步具体化。5月16日,中共

邓小平在审阅文件

中央、国务院批转《广东、福建两省会议纪要》，正式将"特区"定名为"经济特区"。

1980年8月26日，五届人大常委会第十五次会议召开，时任国家进出口管理委员会副主任的江泽民受中央委托做关于特区设置和《广东省经济特区条例》的说明。在掌声和些许质疑的声音中，《特区条例》获准通过。中国第一个经济特区——深圳经济特区诞生了。

经济特区究竟应"特"在何处？1981年5月，谷牧在北京主持召开的两省和特区工作会议初步给出了答案。《纪要》当中提出的"十条特殊政策"，涉及关税、外汇、外贸、外资等方面，赋予特区较多的特殊政策和较大的自主权。这是有关特区工作的第四个中央文件，后

历史转折关头的邓小平

来被称为"新50号文件",在这个《纪要》当中,正式把试办经济特区作为我国新时期贯彻实行对外开放政策的一项重要措施加以明确。

在政策不断出台的同时,珠海、厦门、汕头等三个经济特区也相继动工兴建,特区建设全面展开。

然而,特区的创业之路并非一帆风顺。特区一建立,就显得与众不同。上面给的只是政策,没有资金怎么办?深圳人首先大胆提出了向外商搞土地有偿使用的想法,而这在当时却是"离经叛道"的禁区。

特区的建设者们想到了到马列经典著作中寻找依据。他们在《列宁全集》找到了这样一段话:"住宅、工厂等等,至少是在过渡时期未必会毫无代价地交给个人或协作社使用。同样,消灭土地私有制并不要求消灭地租,而是要求把地租——虽然是用改变过的形式——转交给社会。"于是,他们将"地租"巧妙地改称为"土地使用费",规避了舆论和政策的禁区。

引进外资是特区的主要功能之一。能否有效吸引外商投资,最突出的就是特区企业所得税率定多少合适。企业所得税率开始定低一些有好处,可以引导投资者早投资,办大厂,加快建设步伐。当时内地企业所得税率为33%。广东省在研究制定特区政策时,准备将特区企业所得税率定为30%,3%的地方税不要了,30%的国家税不敢降。这几乎是香港的17%的两倍。这样高的税率,别说吸引外资,甚至连一些爱国爱港人士都不赞成。

庄世平是著名侨领、金融家,他升起了香港岛上的第一面五星红旗。这样一个爱国的人,明确表示若将税率定为30%,他和港澳的代表将投弃权票。这些意见,得到广东省的重视。1979年12月,广东省五届人大二次会议通过的《广东省经济特区条例(草案)》,将特区企业所得税率规定为12%。

1980年3月,谷牧在广州主持召开两省会议,税率再次引起争论。当时有些部门的领导就不同意,从33%一下搞成12%,降了60%多,太低了吧。后来做工作,初定为15%,比香港低两个百分点。7月,江泽民准备向全国人大常委会做特区设置和特区条例说明,召集座谈会,焦点再次集中到税率问题。15%的税率最终敲定,并经全国人大常委会讨论通过,升格为法律。

短短几年,特区建设就取得了显著的成绩。珠海的建设从旅游业起步。这里第一家中外合资经营的珠海石景山旅游中心,借鉴国外希尔顿酒店的管理经验，微笑待客，礼貌服务，成为国内宾馆、酒店改变服务面貌的样板。厦门的高崎国际机场，是科威特向我国首批优惠贷款项目之一，贷款规模达2100万美元，创下了举外债搞基础设施建设的先例。起步最晚的汕头特区，到1984年，也已签约外商投资企业18个。深圳更是凭借着自己独特的模式和强劲的实力令全世界刮目相看。深圳国际贸易大厦，创造了三天建造一层楼的新纪录。从此，"深圳速度"享誉中外。而设计搞评比、施工用招标、工程要承包被称为"深圳速度"的三大要诀，逐渐为全国所采用。特区开始成为全国的示范和样本。

创办经济特区是中国共产党人的一个创造。在坚持社会主义基本制度的前提下，经济特区率先进行整体配套改革，为探索有中国特色社会主义的现代化建设道路积累了新的经验。经济特区，在由过去的计划经济向新的经济模式转变的历史进程中发挥了重要的试验场作用，在实行对外开放的历史进程中发挥了重要的窗口和基地作用，在我国各地区共同发展的历史进程中发挥了重要的示范、辐射和带动作用。

第六章 定向——改革开放的原则和保证

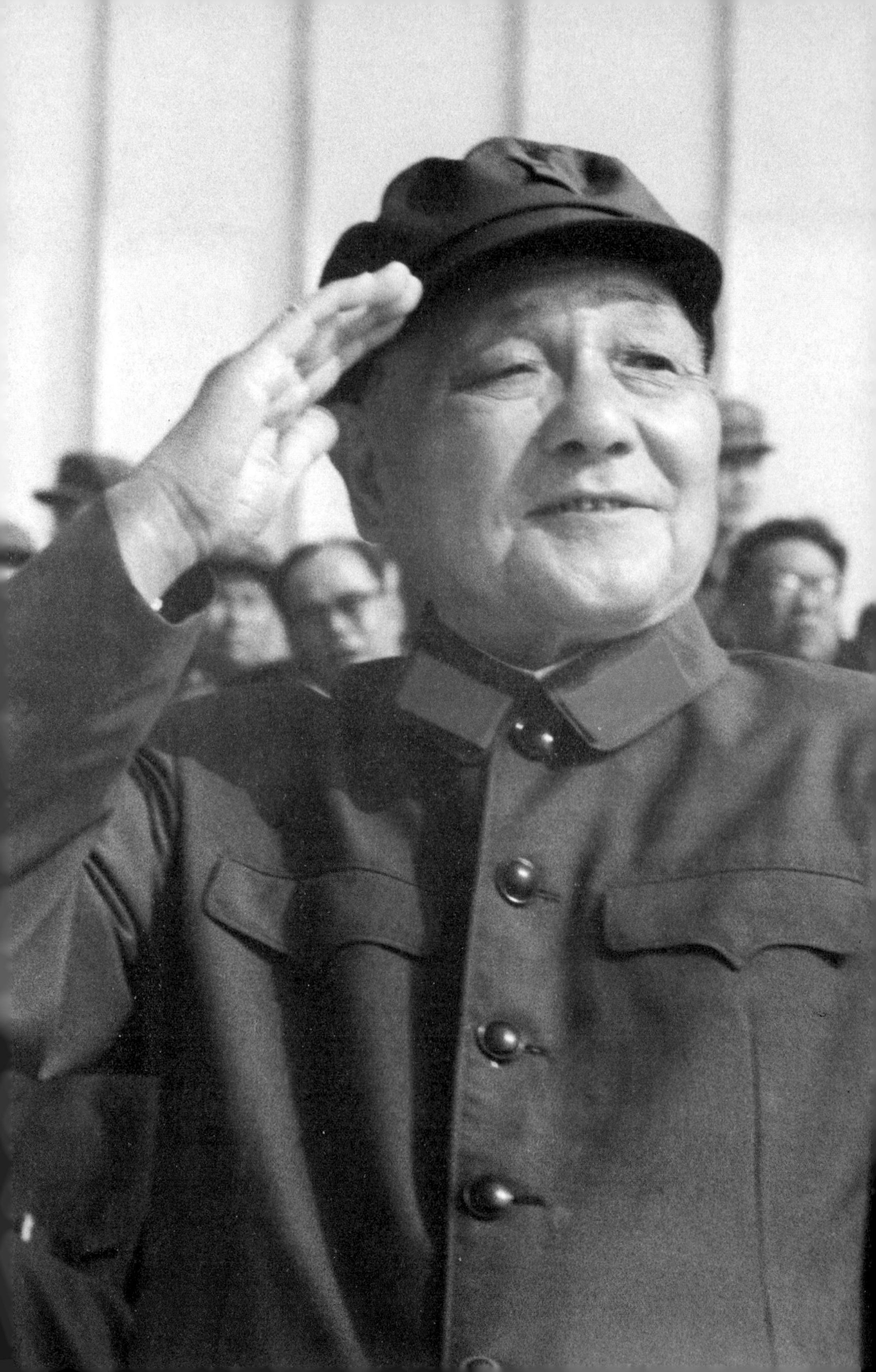

1987年4月16日上午，邓小平在人民大会堂会见出席中华人民共和国香港特别行政区基本法起草委员会第四次会议的全体委员。83岁的邓小平迈着稳健的步伐走到委员们中间，同大家一一握手问候。

邓小平指出，香港回归祖国以后，"一国两制"的政策50年不变。他又强调，中国对内对外开放政策也不变。中国要达到自己设定的目标，第一条需要政治稳定。中国不能再折腾，不能动荡。第二条是现行政策不变。

邓小平说，大家对于中国共产党和政府坚持开放的政策不变很高兴，但是一看到风吹草动，一看到反对资产阶级自由化，又说是不是在变了。他们忽略了中国的政策基本上是两个方面，说不变不是一个方面不变，而是两个方面不变。人们忽略的一个方面，就是坚持四项基本原则，坚持社会主义制度，坚持共产党的领导。人们只是说中国的开放政策是不是变了，但从来不提社会主义制度是不是变了，这也是不变的嘛！坚持四项基本原则，是老早确定了的，写在宪法上面的。人们往往忽略了这方面的不变。我们反对资产阶级自由化，就是要保证中国的社会主义制度不变，保证整个政策不变，对内开放、对外开放的政策不变。

他还说，人民拥护我们国家的社会主义制度，拥护党的领导。看中国变不变，要看这个方面变不变。老实说，如果这方面变了，也就没有香港以后的50年不变。

第一节　坚持四项基本原则

党的十一届三中全会后，我们党进行了指导思想和各条战线的拨乱反正工作。随着拨乱反正工作的逐步深入，党内外的思想也空前活跃，出现了努力研究新情况和解决新问题的生动活泼的政治局面。

但思想解放的闸门一打开，什么样的主张都有。一方面，党内有一部分人由于长期受"左"的思想影响，思想僵化，以至怀疑党的十一届三中全会的路线和方针政策的正确性；另一方面，极少数人利用党进行拨乱反正的时机，从"右"的方面曲解"解放思想"的口号，曲解党的十一届三中全会的路线和方针政策，否定党的领导，否定马列主义、毛泽东思想，主张走资本主义道路。

那时，在社会上还存在着不安定的因素。林彪、"四人帮"的流毒，特别是派性和无政府主义的流毒，同"右"的思潮相结合，开始在一小部分人中间蔓延。这股思潮还混杂在群众要求平反冤假错案的呼声中，随着上访的人流和街头大字报在弥漫着。

这种现象，相当集中地表现在北京所谓"西单民主墙"的一部分大字报中，具有很大的煽动性。有人还以"中国人权同盟"的名义，在西单墙上贴出宣言，要求美国总统"关怀"中国的"人权"问题。每天围观的人很多。"在一些地方出现了少数人的闹事现象。有些坏分子不但不接受党和政府负责人的引导、劝告、解释，还提出种种在目前不可能实现的或者根本不合理的要求，煽动、诱骗一部分群众冲击党政机关，占领办公室，实行静坐绝食，阻断交通，严重破坏工作秩序、生产秩序和社会秩序。不但如此，他们还耸人听闻地提出什么'反饥饿''要人权'等口号，在这些口号下煽动一部分人游行示威，蓄谋让外国人把他们的言论行动拿到世界上去广为宣传。"[1]这些，使人重新想起"文化大革命"中无政府主义泛滥、到处打砸抢的那些日子，并且又有了新的内容。

北京市公园服务管理处有个名叫魏京生的工人，在"西单民主墙"张贴大字报，并私自编印和散发一份油印刊物《探索》。他在文章、刊物中诽谤马列主义、毛泽东思想"是比江湖骗子的膏药更高明一些的膏药"，污蔑我国无产阶级专政的国家制度"是披着社会主义外衣的封建君主制"，煽动群众"不要再相信独裁者的'安定团结'，把怒火集中在制造人民悲惨境遇的罪恶制度上"，煽动要"把权力从这些老爷手里夺过来"。

这些人一般都打着"民主"的幌子，利用"文化大革命"遗留的一些社会问题，开始结成秘密的或者半公开的组织，并且同国外的敌对势力相勾结，破坏党和国家工作着重点的转移。党内也有少数人看不到这种错误思想的危险性，还直接间接地给予某种支持。

集中力量发展经济，进行现代化建设，必须有一个安定的社会政治环境。如果对这些严重现象熟视无睹，听任它发展下去，各级党政机关都将被他们困扰得无法工作，哪里还顾得上考虑现代化建设？"文

---

[1] 中共中央文献编辑委员会.邓小平文选（第二卷）[M].北京:人民出版社,1994.173页

1979 年 3 月，邓小平在理论工作务虚会上讲话

化大革命"中这样的教训够多了。

一个国家、一个民族要前进，必须有明确的共同方向。没有这种坚定明确的方向，就像大海上的一叶扁舟，随风漂来漂去，是很危险的。如果犹豫迟疑，拖延不决，也会丧失时机，以至重走弯路。

党的十一届三中全会结束后 20 多天，党的理论工作务虚会在北京举行。这次理论工作务虚会，是 1978 年 9 月叶剑英在国务院务虚会结束后提议召开，并得到中央政治局常委同意的。它本来准备在三中全会之前举行，后来因为有其他更迫切需要解决的问题，所以推迟到十一届三中全会以后。

理论务虚会分为两个阶段，第一阶段由中共中央宣传部和中国社会科学院联合召开，从1979年1月18日开始举行。参加的有理论工作者160多人，主要是开小组会。会前，把胡耀邦的《理论工作务虚会引言》（以下简称《引言》）、胡乔木的《关于社会主义时期阶级斗争的一些提法问题》等印发给大家。

胡耀邦在《引言》中指出，粉碎"四人帮"以后，我们的思想理论战线面临拨乱反正、正本清源的工作。这次会议的目的：第一，要总结理论宣传战线的基本经验教训；第二，要研究全党工作重心转移之后理论宣传工作的根本任务。会议的开法，应当推广十一届三中全会和中央工作会议的那种会风，大家解放思想，开动脑筋，畅所欲言。他认为，今天摆在理论宣传工作者面前的，有两方面的任务：一方面是继续扫清我们前进道路上的思想障碍；另一个更重要的方面，是用马克思列宁主义、毛泽东思想做指导，研究和解决伟大转变中层出不穷的新问题。在务虚会第一天的讲话中，他还提出："今后要撰写一批理论文章。分两个方面：一是林彪、'四人帮'搞乱了的、没有批深批透的甚至还没有触及的问题；二是目前出现的新事物、提出的新问题，如社会主义的计划经济、经营管理，特别是今年如何加快发展农业的问题。"

胡乔木的文章说："现在，思想理论工作正处在一个重要历史时期，由于林彪、'四人帮'的长期干扰，有些旧的说法需要继续清理。我们应该有足够的理论上的勇气，敢于提出问题，解决问题。"他提出几个重要问题，如"无产阶级专政下继续革命"这个口号究竟是什么含义，继续使用好不好；又如"'以阶级斗争为纲'，应当怎样理解？""不讲清楚就会引起思想上和实际工作中的混乱。人们会认为，只要还有残余形态的阶级斗争，这种斗争就还是社会前进的动力。这样势必造成阶级斗争的人为的扩大化。"还有，"党内斗争，是否都是社会阶级斗争的反映，都是路线斗争？党的历史是否只是路线斗争的历史？"

会议的讨论十分活跃。开始时，集中批评"两个凡是"的错误，进一步分清理论是非。之后，会议就转向对其他重大理论问题的讨论，首先是社会主义时期的阶级斗争问题，还有社会主义民主问题、经济理论和实际问题、党史问题、国际问题、文艺问题等。所有这些，又几乎都涉及对毛泽东和毛泽东思想的评价。

会议的第一阶段，到2月15日结束。与会者畅所欲言，相互启发，对许多重大理论问题进行深入探讨，提出不少有价值的真知灼见。会上，也出现一种现象：有些人思想偏激，从一个极端走向另一个极端，发表了一些错误意见。还有人认为对"西单民主墙"应该给予支持，还写了正式建议，要会议领导小组向中央反映。在历史处在重大变动和转折的时刻，出现这种现象也许并不奇怪，但需要党的领导人抓住机遇，做出回答，指明方向。

对于社会上出现的错误思潮和党的理论工作务虚会上的一些思想动向，邓小平以其特有的政治敏锐性意识到，这是关系到我们党的事业兴衰，关系到能不能保证社会主义现代化建设和改革开放沿着正确的道路前进的一个大是大非的原则性问题。他旗帜鲜明地出来做了回答。

3月28日，理论务虚会第二阶段开始。会议改由中共中央主持，名称改为全国理论工作务虚会，出席人数增加到400多人。30日，邓小平在人民大会堂代表中共中央做报告。听讲的，还有中央、国家机关和北京市的领导干部。

邓小平在报告中充分肯定党的十一届三中全会及之前召开的中央工作会议的重大意义："政治和经济形势，使全党有可能把工作着重点从今年起转移到社会主义现代化建设上来。这是我国历史上的一个伟大的转折。虽然过去我们已经进行了多年的社会主义建设，但是我们仍然有足够的理由说，这是一个新的历史发展阶段的开端。三个多月形势的发展，充分证明三中全会的方针是正确的，是受到全党和全国各族人民坚决拥护的。"

针对当时出现的错误思潮，邓小平从关系国家前途命运的全局出发，提出坚持四项基本原则，这是个根本的政治问题。他指出："中央认为，我们要在中国实现四个现代化，必须在思想政治上坚持四项基本原则。这是实现四个现代化的根本前提。这四项是：第一，必须坚持社会主义道路；第二，必须坚持无产阶级专政；第三，必须坚持共产党的领导；第四，必须坚持马列主义、毛泽东思想。""中央认为，今天必须反复强调坚持四项基本原则，因为某些人（哪怕只是极少数人）企图动摇这些基本原则。这是决不许可的。每个共产党员，更不必说每个党的思想理论工作者，决不允许在这个根本立场上有丝毫动摇。如果动摇了这四项原则中的任何一项，那就动摇了整个社会主义事业，整个现代化建设事业。"他特别强调，如果削弱甚至取消党的领导，"事实上只能导致无政府主义，导致社会主义事业的瓦解和覆灭"。后来，他又指出，坚持四项基本原则的核心，是坚持共产党的领导。没有共产党的领导，肯定会天下大乱，四分五裂。历史事实证明了这一点。

邓小平认为:"只要坚定不移地、毫不动摇地始终贯彻执行我们的政治路线,毫无疑问将来会比任何资本主义国家发展得都快,并且比较稳定而持久,我们一定要、也一定能拿今后的大量事实来证明,社会主义制度优于资本主义制度。"

邓小平还针对有些人认为所谓"中央的调子变了"的疑问,指出:"以上所说的,同三中全会的精神有没有不一致的地方?没有。这里所说的一切,都是为贯彻执行三中全会各项方针政策所必须采取的措施。再说一遍,不采取这些措施,三中全会的方针政策就要落空,工作着重点的转移就要落空,四个现代化建设就要落空,党内外民主生活的发展也要落空。"

中国进行的是社会主义现代化建设,这要求既要把工作着重点放在物质文明建设上,也就是发展生产力,又必须不断加强精神文明建设,始终坚持社会主义方向,提高人民的思想文化素质。忽视精神文明建设这一点,就会偏离正确的航向,走到邪路上去。为什么邓小平在提出改革开放这个最重要的战略决策后,很快又提出坚持四项基本原则的问题,成为党的基本路线的两个基本点,道理就在这里。

后来,四项基本原则被称作立国之本,成为我们党和国家生存发展的政治基石。在领导中国现代化建设和改革开放的过程中,在坚持四项基本原则的问题上,邓小平从来没有让过步。20世纪80年代,社会上曾几度出现资产阶级自由化思潮,每次都是邓小平最先站出来,号召全党理直气壮地宣传和坚持四项基本原则,同错误思潮做斗争,排除资产阶级自由化对社会主义现代化建设的干扰。他反复强调,反对资产阶级自由化不应影响改革开放,坚持四项基本原则为改革开放和现代化建设创造稳定的社会环境和提供可靠的政治保证。

要开辟一个新的历史时期，需要有一个全盘而长远的总计划。以经济建设为中心，坚持四项基本原则、坚持改革开放，即"一个中心，两个基本点"作为新时期的基本路线，在很短时间内已十分明确地提出来了，使人们在前进中有了共同的衡量是非的标准。中国的改革开放和现代化建设，从一开始就在明确而坚定的大方向指引下进行，不再有大的摇摆。人们开始在新的起点上阔步前进。

第二节　第二个历史决议

1978年底，党中央公开为"天安门事件"平反后，引起了国际国内的强烈反响。国际国内都十分关注对毛泽东和对"文化大革命"的评价问题，社会上出现了一股全盘否定毛泽东的错误思潮。关键时刻，邓小平多次说，没有毛主席就没有新中国。如果没有毛泽东同志，中国人民很可能还要在黑暗中苦斗更长的时间。

当时，邓小平一方面反对"两个凡是"的错误观点，提出必须用"准确的完整的毛泽东思想"来指导工作；另一方面又认为对"文化大革命"和毛泽东的评价问题很敏感，时机还不成熟，为了安定团结的大局，暂时不要碰这个问题。1978年12月13日，他在《解放思想，实事求是，团结一致向前看》的讲话中说，最近国际国内都很关心我们对毛泽东同志和对"文化大革命"的评价问题。关于"文化大革命"实际过程中发生的缺点、错误，适当的时候作为经验教训总结一下，这对统一全党的认识，是需要的。但是不必匆忙去做。要对这样一个历史阶段做出科学的评价，需要做认真的研究工作，有些事要经过更长一点的时间才能充分理解和做出评价，那时再来说明这一段历史，可能会比我们今天说得更好。十一届三中全会接受了邓小平的这一意见。

到了1979年，情况发生了变化。这年春，理论工作务虚会召开，人们比较集中地讨论了对毛泽东和毛泽东思想的评价问题和对"文化大革命"经验教训总结的问题。有人提出要像1945年党的六届七中全会做出《关于若干历史问题的决议》那样，做一个新中国成立以来若干历史问题的决议。这个建议没有被中央立即采纳。但会后要求评价毛泽东和毛泽东思想、评价"文化大革命"的呼声越来越高，党内党外、国内国外都在密切关注中国共产党的态度。这些问题不解决或解决不好，全党的思想就不能统一，就会直接影响到中国安定团结的政治局面。

1979年还适逢新中国成立30周年。党中央决定由中共中央副主席叶剑英代表中央在庆祝大会上讲话。在起草叶剑英讲话稿时，邓小平提出，这个讲话要有一些新的内容，要能讲出一个新的水平。他还多次对稿子提出修改意见，党的十一届四中全会通过了叶剑英的讲话稿。这个讲话发表后，在党内外反映都很好。讲话中宣布，我们党准备对历史问题，特别是"文化大革命"的问题做出一个正式的结论来，这就拉开了起草《关于建国以来党的若干历史问题的决议》的序幕。

国庆节刚过，根据邓小平的提议，中共中央就成立了由胡乔木负责的历史决议起草小组。邓小平直接领导和主持了历史决议的整个起草工作。起草工作历时20个月，较大的修改共9稿，邓小平共做了

邓小平和胡乔木在一起

17次专门的重要谈话和讲话。邓小平在主持起草过程中，从确定总原则、设计结构到判断是非、修改文字都倾注了极大的精力，为决议的形成起了决定性的作用。

1980年3月19日，邓小平看了起草小组的提纲后同胡耀邦、胡乔木、邓力群谈话，提出起草历史决议三条总的指导思想：第一条，确立毛泽东同志的历史地位，坚持和发展毛泽东思想；第二条，对新中国成立以来历史上的大事，哪些是正确的，哪些是错误的，要进行实事求是的分析，包括一些负责同志的功过是非，要做出公正的评价；第三条，通过这个决议对过去的事情做个基本的总结，总结过去，是为了引导大家团结一致向前看。他特别强调，其中最重要、最根本、最关键、最核心的还是第一条。他要求，对历史问题，要粗一点、概括一点，不要搞得太细。

4月1日，邓小平又一次对决议起草发表了系统性的意见，提出了决议整体框架：先有个前言，回顾一下新中国成立以前新民主主义革命这一段，话不要太多。然后，新中国成立以来17年一段，"文化大革命"一段，毛泽东思想一段，最后有个结语。

6月27日，邓小平看了初稿后，认为稿子没有很好地体现确立毛泽东同志的历史地位、坚持和发展毛泽东思想的要求，要重新写，重点放在毛泽东思想是什么、毛泽东同志正确的东西是什么这方面。错误的东西要批评，但是要很恰当，要概括一点。主要的内容，还是集中讲正确的东西，这符合历史。

起草小组根据邓小平的意见对决议稿做了较大的修改后，10月，中共中央又组织了4000多名高级干部对决议草稿进行讨论，进一步征求意见。"四千人大讨论"从10月中旬先后开始，持续了一个多月，到11月下旬结束。这是一次规模空前的大讨论，是党内民主的大发扬，也是对新中国成立以来的历史进行的一次深入、具体的研究。

讨论中的热点和焦点是对毛泽东和毛泽东思想的评价，有许多好的意见，但也有一些片面以至极端贬低或否定毛泽东和毛泽东思想的言论。特别是有些挨过整的人，带着私人感情，对毛泽东提了不正确的批评。

邓小平看了有关讨论意见的简报，首先肯定大家"畅所欲言，众说纷纭，有些意见很好"，同时对于这些偏激意见，特别是对毛泽东的一些不正确的意见，认为必须予以澄清。10月25日，他找胡乔木、邓力群谈话，坚定地指出，在科学评价毛泽东和毛泽东思想的问题上不能让步。毛泽东思想这个旗帜丢不得。丢掉了这个旗帜，实际上就否定了我们党的光辉历史。决议稿中阐述毛泽东思想的这一部分不能不要。这不只是个理论问题，尤其是个政治问题，是国际国内的很大的政治问题。如果不写或写不好这个部分，整个决议都不如不做。不写或不坚持毛泽东思想，我们要犯历史性的大错误。

这以后，邓小平对如何吸收党内外的意见、进一步完善决议又多次找起草小组负责人谈话。他赞成决议稿写出后多听听老一辈革命家黄克诚、李维汉等同志的意见。他还亲自登门看望陈云，征询陈云对决议起草稿的意见。陈云建议专门加一篇内容，讲讲新中国成立前党的历史，毛泽东同志的功绩、贡献就会概括得更全面，确立毛泽东同志的历史地位，坚持和发展毛泽东思想，也就有了全面的根据。邓小平认为这个意见很好，起草小组也很好地采纳了这个意见。

1981年3月30日，中央书记处会议决定，党的十一届六中全会在6月上旬召开，会议通过《历史决议》，"七一"公开发表，要求起草小组按照这个日程抓紧修改，再在政治局、书记处和一些老同志共40多人的范围内进行讨论。

1981年5月19日，中央政治局扩大会议讨论决议稿。邓小平做了重要讲话，对决议稿的形成过程做了评价，肯定"现在的稿子，是合乎三项基本要求的"，强调了做决议的紧迫性："这个决议，过去也有同志提出，是不是不急于搞？不行，都在等。从国内来说，党内党外都在等，你不拿出一个东西来，重大的问题就没有一个统一的看法。国际上也在等。人们看中国，怀疑我们安定团结的局面，其中也包括这个文件拿得出来拿不出来，早拿出来晚拿出来。所以，不能再晚了，晚了不利。"邓小平说明了这次会议的任务："现在的方法，就是开政治局扩大会议，七十几个人，花点时间，花点精力，把稿子推敲得更细致一些，改得更好一些，把它定下来；定了以后，提到六中全会审议。""纪念党的60周年，不需要另外做什么更多的文章了。""主要是公布这个文件。"经过讨论，6月13日，中央政治局扩大会议原则上通过《关于建国以来党的若干历史问题的决议（草案）》，提交党的十一届六中全会审议。原来第一部分的标题"前言"，改为"建国以前二十八年历史的回顾"。

1981年6月15日至25日，中共十一届六中全会召开预备会。6月15日到22日，分组讨论《历史决议》。与此同时，还征求了中央党政军机关近1000人的意见，征求了各民主党派负责人的意见。

1981年6月27日至29日，党的十一届六中全会举行。全会一致通过《关于建国以来党的若干历史问题的决议》。《决议》总结了新中国成立以来社会主义革命和建设的历史经验，对一些重大历史事件的功过是非做出了实事求是的评价，从根本上否定了"文化大革命"和"无产阶级专政下继续革命"的错误理论。同时，坚决顶住当时出现的一股否定毛泽东和毛泽东思想的错误思潮，科学地评价毛泽东的历史地位，维护了毛泽东思想的指导作用，指出毛泽东思想的活的灵魂有三个基本方面，即实事求是、群众路线、独立自主，恢复了毛泽东思想的本来面目。这样做的结果，既分清了理论和政治是非，又加强了全党和全国人民的团结，为社会主义现代化建设事业的健康发展提供了根本保证。通过这个《决议》，是关系党和国家命运的重大步骤。如

邓小平和负责起草新中国成立以来历史决议的部分同志在一起

果没有这样一个《决议》，全党和全国人民对许多重大问题就不能形成统一的看法，甚至会陷入没完没了的争论之中，在继续前进中也难以形成统一的步伐。

《决议》在最后部分中说："三中全会以来，我们党已经逐步确立了一条适合我国情况的社会主义现代化建设的正确道路。"并且把它的主要点归纳为十条，包括：党和国家工作的重点必须转移到以经济建设为中心的现代化建设上来；大力发展社会生产力；社会主义生产关系的变化和完善必须适应于生产力的状况，有利于生产的发展；逐步建设高度民主的社会主义政治制度；社会主义必须有高度的精神文明；把党建设成为健全的民主集中制的党等。这是第一次对三中全会以来的路线、方针、政策进行初步概括的重要尝试。

党的十一届六中全会及《关于建国以来党的若干历史问题的决议》的通过标志着中国共产党在指导思想上的拨乱反正已胜利完成，推进了十一届三中全会以来的伟大历史转折，对于改革开放和社会主义现代化建设事业的发展具有重要的指导意义。随着国内建设的发展和国际局势的变化，越来越显示出邓小平做出这个重大决策的勇气和远见，越来越显示出他对党和人民所做的这一巨大贡献的深远意义。

第三节　提出新时期军队建设的总目标

"文化大革命"结束后，军队建设方面存在着许多亟待解决的问题。当时军队是一个什么状况？国防部原部长张爱萍说："军队由于'文革'时期遭到林彪、'四人帮'的大破坏，问题成堆，百废待举。那时，个人迷信和形而上学已成积习，'两个凡是'禁锢着人们的头脑，实事求是作风遭到践踏，说大话、空话、假话盛行。我军的优良传统被破坏。派性猖獗，内耗严重。国防科研任务被迫停顿，军队装备得不到改善。机构臃肿，员额膨胀，人浮于事。规章制度废弛，纪律松懈，各类事故层出不穷，部队战斗力严重下降。"

1977年7月，邓小平复出工作伊始，就协助叶剑英主持中央军委工作。他再次提出整顿军队，领导着军队工作的拨乱反正。在1977年8月召开的军委座谈会和12月召开的中央军委全体会议上，邓小平分析了军队的现状，担忧地说："军队经过林彪、'四人帮'这么久的破坏，如果不很快整顿，遇到敌人进攻，还能不能打仗？"为此，他明确提出要把军队整顿好、建设好，认真解决各级领导班子、编制

1977年11月，邓小平与叶剑英在广州

体制、武器装备和教育训练中存在的问题，把教育训练提高到战略位置。他在此前后一段时间里的讲话、谈话、批示中处处透露出整顿军队的决心和急迫的心情："好多同志说希望我管军队，我管军队就要得罪人。""后勤问题复杂，不解决不行了。""飞机要普遍进行大检查，技术要普遍进行大检查。""我可以肯定，这么庞大的指挥机构，指挥战争是要打败仗的。""军队的工作要做个好样子，要提高工作效率，雷厉风行，紧张快干。"

整顿军队遇到的阻力和干扰首先来自当时有的军队领导人仍在"照过去的方针办"，坚持"两个凡是"，实际上是变相坚持"文化大革命"中的那一套。邓小平指出："当前调整好整顿好领导班子是个关键。要放手发动群众，揭露矛盾，搞清是非，整掉林彪、'四人帮'的帮派体系。""当前军队需要做的工作，第一是领导班子要配齐，要齐心。不整齐、不团结，办不了事。"怎么解决这个问题？用邓小平自己的话说是"到处点火"。1977年11月，邓小平在广州军区指出："清查工作要好好抓一下，你们这里不是清水衙门。广州军区出了黄永胜等好几个与林彪有牵连的人，问题比其他单位多，不能低估。运动没有搞透的要补课，有阻力的要冲破它。"1978年2月，邓小平在成都军区强调："军队的问题，说来说去是把班子搞好。把班子配好，其他问题就好办。这是个方针。争取半年把班子调整好，半年不行，一年。成都军区解决不了，还有总政嘛。"1978年9月，邓小平在沈阳军区说："我是到处点火，在这里点了一把火，在广州点了一把火，在成都也点了一把火。批林彪也好，批'四人帮'也好，怎样才叫搞好了，要有几条标准。""干部队伍整顿好，同'四人帮'有牵连的人和事都要搞清楚。"对中央军委各部门，邓小平同样对待："我们不能只要求部队去做，首先是总参、各总部、军兵种要抓紧解决，你们解决好了，才有资格发号施令。"在邓小平的推动下，1979年下半年，各大军区及解放军各总部领导班子相继得到调整。

长期以来，由于军队建设指导方针的偏差，我军建设一味突出政治，但结果是实事求是的作风遭到践踏，优良传统被破坏，部队战斗力严重下降。邓小平指出："从部队存在的问题和实际情况来看，最重要的，就是要研究和解决在新的历史条件下，怎样恢复和发扬政治工作的优良传统，提高我军战斗力的问题。"为此，他设想："要用五年时间把军队建设好，成为一支有战斗力的部队。"为了实现这一目标，在1977年8月召开的中央军委座谈会上，邓小平提议在军委之下建立几个机构：第一，设立一个教育训练委员会或小组；第二，设立战略委员会，或者叫战略小组；第三，还要搞个科技小组。在邓小平、叶剑英等人的主持指导下，1977年9月，中央军委教育训练委员会成立；11月，中央军委科学技术装备委员会成立；同年，中央军委战略委员会成立。1978年7月31日，邓小平在主持建军五十一周年招待会时发出号召："在新的历史条件下恢复和发扬我军的光荣传统和优良作风，加强干部、战士的军政训练，不断提高我军战斗力，加强民兵建设和人民防空工作，加强国防科学技术的研究和国防工业生产，加速军队装备现代化的进程。"

在邓小平的领导下，全军在一年多的时间里整顿调整了各级领导班子，精简了各级机关和直属单位，加强了武器装备管理，同时贯彻落实把教育训练提高到战略地位的方针，广泛开展了正规化的教育训练，在全军范围掀起了以提高现代条件下协同作战能力为主要内容的训练高潮。

20世纪70年代末80年代初，国际政治、军事局势和国内形势发展正处在一个重要的历史转折时期。随着党和国家工作重点的转移，邓小平对军队建设的领导实践进入了新的阶段。在此阶段，邓小平做出战争可以延迟爆发的战略判断，积极探索军队建设的新路子。

军队建设的发展方向，取决并受制于现实战争的发展需要和对爆发战争可能性的分析判断。长期以来支配我军建设发展的一个基本指导思想，就是立足于"早打、大打、打核战争"，这种不断被强化的临战状态和随时准备打仗的思想观念，使军队建设缺乏全面、长远的战略规划和发展目标。对这个重大问题，邓小平给出的基本判断是：

世界大战一时打不起来，我们不要自己吓唬自己，造成人为的紧张。争取更多一点、更长一点的时间，延缓战争的爆发，对我国有利。如果当前老是强调战争马上打起来，使精力都集中到打仗上面，就会影响四个现代化建设，包括军队和国防建设。早在 1974 年，邓小平就明确指出将来的世界大战不一定打核战争。1977 年，邓小平在中央军委全体会议上说："战争可能延缓爆发，我们要争取有更多的时间，把装备搞上去，把部队的教育训练搞好。"1978 年 7 月，邓小平明确指出："我们有一个总的战略思想，仗可能五年打不起来。"到了 8 月，邓小平直接断言："五年内仗肯定打不起来。"到了 1979 年，邓小平更为乐观："看来世界大战十年内打不起来，不必那么急。"进入 80 年代，邓小平大胆预测："争取二十年的和平环境是可能的。"

十一届三中全会后，邓小平明确指出："我们军队最根本的、核心的问题，说到底是机构臃肿，人浮于事。"为此，他设定了一个目标，从 1979 年到 1985 年，在 6 年内想办法把军队臃肿的状况解决。1979 年，对越自卫反击战结束后，邓小平要求总结经验，建军的方针、军队的体制和训练等一系列的问题要改革。1980 年，邓小平强调军队要提高战斗力、改善武器装备，就必须"消肿"和改革编制体制，改革部队编成，把军组成集团军，把平时的编成同战时结合起来，开展合成军作战训练。1981 年 3 月，邓小平明确指示："北京、沈阳两个军区，先各搞一个集团军试点，尔后根据条件逐步再增加。"7 月，他同新任中央军委秘书长杨尚昆等谈话，对军队的体制机制做出重大决定：五年内，老同志要逐步退到第二线，找一些年富力强的同志接替。五年后取消军委办公会议，军委常委制度也应该变。三总部要在

1981年3月和7月,邓小平分别同军队和地方宣传部门负责同志谈话。图为邓小平和解放军总政治部主任韦国清谈话

职责范围内充分发挥作用,解决好军委直属系统、各总部、各军兵种的保留或撤销问题。12月,他在对军队工作的指示中,强调要用"革命的办法",而不是用改良的办法,把军队搞精干。在邓小平的领导下,全军的精简整编和体制机制改革取得重大突破。1980年至1981年,裁并了各级机关重叠机构,撤销了省军区独立师,部分野战军步兵师改为简编师。1982年至1983年,将军委炮兵、装甲兵、工程兵部改为总参下辖的炮兵部、装甲兵部、工程兵部;军区直属的炮兵、坦克和野战工兵部队,大部划归陆军部队建制;将铁道兵并入铁道部;基建工程兵集体转业到国务院有关部门和所驻省、自治区、直辖市。1985年,中央军委所属总部机关人员精简近一半;11个大军区精简合并成7个;全军减少军级以上单位30多个。人民解放军总员额从

1975年前高峰时的611万，减到1985年的300万。

按照1980年11月至12月中央政治局扩大会议的决定，邓小平全面主持中央军委的工作。1981年6月，邓小平在中共十一届六中全会上当选为中共中央军委主席，成为人民解放军最高统帅。

历史的发展，把新时期建设一支什么样的军队，怎样建设军队，未来打什么样的仗，怎样打仗等问题，十分尖锐而严峻地摆在了全党全军面前，迫切需要做出科学的回答。正是在这样的历史情形下，邓小平和中央军委做出重大决策，通过召开"801"会议、"802"会议和举行一次大规模实兵战役演习，开辟了我军新时期建设的正确道路和发展方向，提出并确立建设一支强大的现代化、正规化革命军队的目标。

"801"会议指的是1980年9月至10月中央军委举办的全军高级干部研究班，核心内容是探讨和确立新形势下我军军事战略方针。1977年底，中央军委全体会议定的军事战略方针是"积极防御，诱敌深入。"历史地看，这一方针对指导我军建设发展起到了一定的积极推动作用。但新的形势发展，特别是国家经济建设发展，已不允许用"诱敌深入"的战法，把敌人诱进国门。此时，对把"诱敌深入"作为军事战略方针，在军内产生了一些不同意见和思想困惑。为统一对新时期军事战略方针的思想认识，邓小平在会上明确指出："我们未来的反侵略战争，究竟采取什么方针？我赞成就是'积极防御'四个字。积极防御本身就不只是一个防御，防御中有进攻。"确立"积极防御"的军事战略方针，指明了我军新时期建设的正确道路和发展方向。

"802"会议指的是1981年5月总参举办的全军高级干部战役集

235 / 第六章 定向——改革开放的原则和保证

1981年9月，邓小平在华北军事演习中观看步坦协同演习

训，目的是在实践中验证积极防御战略方针的具体作战样式，深化对军队建设发展方向的认识。"801"会议后，总参提出了在华北的张北地区组织一次方面军防御作战演习的设想，目的是把积极防御的战略方针具体化，深入研究在主要方向上防御作战的组织实施，并委托北京军区拿出具体的演习方案。1981年2月底，军委召集三总部和各军兵种有关领导听取北京军区提出的演习方案汇报。会后，总参与北京军区一道又拿出大、中、小三个具体方案。3月，邓小平在听取演习方案汇报后，明确表示：搞这么一次实兵演习大有好处。多年没有搞了，还是下决心搞一次。紧接着，邓小平又坚定地说："这笔钱还是要花，要搞得好一点，要把军队的气鼓一下，要把军队训练得像个

军队样子。"最后，邓小平在时任副总参谋长张震的请示信上批示："同意第一方案，力求节约。"演习方案一锤定音。

　　1981年9月14日至18日，邓小平与中央、国家机关和各省、市、自治区主要负责同志，以及全军高级干部和当地群众，共3.2万余人观看了在华北北部地区举行的实兵战役演习的全过程。连续5天，邓小平早出晚归，认真地看，严肃地听，但话语并不多。演习的炮火硝烟刚刚散去，9月19日上午9时整，举行了盛大的阅兵式，来自陆、海、空三军的53个方队，接受了中央军委主席邓小平的检阅。阅兵式结束后，邓小平威严地站在敞篷车上，代表党中央、中央军委发表重要讲话，他在充分肯定这次演习取得圆满成功后，以坚定而豪迈的语气明确提出："我军是人民民主专政的坚强柱石，肩负着保卫社会主义祖国、保卫四化建设的光荣使命。因此，必须把我军建设成为一支强大的现代化、正规化的革命军队。"新时期我军建设科学的总目标由此确立。

　　华北大阅兵后，我军迅速向着建设一支强大的现代化、正规化革命军队的目标不断迈进。邓小平着眼于国际大势和国家大局，着眼于军队新时期的历史使命，按照建设一支强大的现代化、正规化的革命军队的要求，确定了加强军队建设的一系列方针原则，军队和国防建设进入了一个新的历史时期。邓小平要求军队以现代化建设为中心，走中国特色的精兵之路，不断增强国防实力，为国家改革开放和现代化建设提供坚强有力的安全保证；同时，军队要服从和服务于国家经济建设的大局，自觉在这个大局下行动，积极支持和参与国家经济建设。

第四节　开启政治体制改革

推进政治体制改革，是社会主义政治制度自我发展和完善的内在要求，也是我们党总结新中国成立以来的历史经验后做出的重要决策。从另一个方面说，经济体制改革必须与政治体制改革相辅相成，改革才能前进，才能深入。

邓小平在指导经济体制改革的同时，也极为关注政治体制改革。早在1978年10月，他在中国工会九大致词中就指出：实现社会主义现代化伟大目标，"这是一场根本改变我国经济和技术落后面貌，进一步巩固无产阶级专政的伟大革命。这场革命既要大幅度地改变目前落后的生产力，就必然要多方面地改变生产关系，改变上层建筑，改变工农业企业的管理方式和国家对工农业企业的管理方式，使之适应于现代化大经济的需要。"同年12月，他在中共中央工作会议闭幕会上进一步指出："要正确地改革同生产力迅速发展不相适应的生产关系和上层建筑。"并强调："如果现在再不实行改革，我们的现代化事业和社会主义事业就会被葬送。"正如他后来所说："我们提出改革时，就包括政治体制改革。"

1980年8月，邓小平在回答意大利记者法拉奇关于如何避免或防止类似"文化大革命"错误重演的提问时说："这要从制度方面解决问题。我们过去的一些制度，实际上受封建主义的影响，包括个人迷信、家长制或家长制作风，甚至包括干部职务终身制。我们现在正在研究避免重复这种现象，准备从改革制度着手。我们这个国家有几千年封建社会的历史，缺乏社会主义民主和法制，现在要认真建立起来。只有这样，才能解决问题。"

1980年8月,邓小平接受意大利记者奥琳埃娜·法拉奇的采访

邓小平的谈话向国内外表明,正处在拨乱反正过程中的中国共产党通过总结历史的经验教训,已经深刻认识到建立、健全社会主义民主和法制的必要性。而解决这一问题的思路是"准备从改革制度着手",实现自己的目标。这使人们清晰地意识到,中国共产党在推进经济体制改革的同时,正在启动政治体制的改革。

十一届三中全会后,邓小平在不同场合,一再强调现在的体制很不适应四个现代化建设的需要,要改革和完善社会主义的经济制度和政治制度,建设高度的社会主义民主和完备的社会主义法制。

1980年8月18日至23日,中共中央政治局召开扩大会议,专门讨论政治体制改革问题。邓小平代表中央在会上做了题为《党和国家领导制度的改革》的著名讲话,第一次对我国的政治体制改革问题进行了全面、深刻的论述，提出了一系列重要的思想原则和方针，从而成为指导我国政治体制改革的纲领性文件。

邓小平在讲话中总结了"文化大革命"的教训，强调了政治体制改革的意义。他指出，"文化大革命"的发生，除了某些领导人思想作风方面的原因外，更重要、更深层次的原因是领导制度方面的问题。他认为，强调制度方面的原因，不是说个人没有责任，而是说领导制度、组织制度、工作制度问题更带有根本性、全局性、稳定性和长期性，因此也更为重要。这些方面的制度好可以使坏人无法任意横行，制度不好可以使好人无法充分做好事，甚至会走向反面。即使是像毛泽东这样伟大的人物，也受到一些不好的制度的严重影响，以至对党对国家对他个人都造成了很大的不幸，这个教训是极其深刻的。他进一步指出，我们之所以要进行政治体制的改革，是因为在党和国家现行的一些具体制度中，还存在不少的弊端，严重妨碍社会主义优越性的发挥。如果不坚决改革现行制度中的这些弊端，就很难适应现代化建设的迫切需要，就不能适应党和国家政治生活民主化的需要，我们就要严重地脱离广大群众，过去出现过的像"文化大革命"那样的严重问题，今后就还可能发生。

党和国家领导制度中存在着哪些弊端呢？主要的弊端就是官僚主义、权力过分集中、家长制、干部领导职务终身制和形形色色的特权现象。这些弊端又集中地表现为权力的过分集中，一方面权力过分地集中于某些个人或少数人手里；另一方面在中央和地方、党同政府、党同经济组织、党同群众组织之间的关系上，权力过分地集中于中央和各级党委，基层权力集中于上级机关。权力的过分集中派生出其他种种弊端，这不仅是导致"文化大革命"的重要原因，而且也不适应以经济建设为中心的现代化建设的需要。

基于以上认识，邓小平号召全党要不断总结经验，深入调查研究，集中正确意见，从中央到地方，都要积极地、有计划有步骤地进行坚定彻底的改革。通过改革，实现三个方面的要求：经济上迅速发展生产力，逐步改善人民的物质文化生活；政治上充分发扬人民民主，健全社会主义法制，调动人民群众的积极性；组织上大量培养、发现、提拔、使用坚持四项基本原则的、比较年轻的、有专业知识的社会主义现代化建设人才。只有这样，"人民才会信任我们的领导，才会信任党和社会主义，我们的事业才有无限的希望"。

为了从根本上革除体制的弊端，邓小平向全党提出了肃清封建主义和资产阶级思想影响的任务，并着重提出对党和国家领导制度实行重大改革的六项措施。这些措施主要是：建议修改宪法，改善各级人民代表大会制度，以切实保障人民真正享有管理国家的组织和各项企业事业的权力，享有充分的公民权利，不允许权力过分集中的原则应当在宪法上表现出来；建议设立党中央顾问委员会，连同中央委员会、中央纪律检查委员会都由党的全国代表大会选举产生，并明确规定各自的任务和权限，这样做是为了使中央和国务院的日常工作班子更加精干，逐步实现干部的年轻化；真正建立起从国务院到地方各级政府从上到下的强有力的工作系统，以解决党政不分的问题；准备有步骤地实行厂长（经理）负责制。推广和完善企业事业单位的职工代表大会或职工代表会议制度，以解决基层组织党政不分的问题；各级党委要真正实行集体领导和个人分工负责相结合的制度，既避免权力过分集中于个人，又提高办事效率，克服官僚主义。

为了适应现代化建设事业的需要，必须尽快改革现行的干部人事制度，以利于选拔和使用大批现代化急需的各种建设人才，搞好新老干部的交接班。邓小平指出，现行的组织制度和为数不少的干部的思想方法，不利于选拔和使用现代化所急需的人才。因此，必须坚决解放思想，克服重重障碍，打破老框框，勇于改革不合时宜的组织制度、人事制度，大力培养、发现和破格使用优秀人才，坚决同一切压制和摧残人才的现象做斗争。不仅如此，这项工作还必须抓紧进行，太慢了不行，要趁大批老同志还健在的时候解决好这个问题。

邓小平关于党和国家领导制度改革的思想，不仅仅限于医治"文化大革命"的创伤，实际上已经触及新中国成立以来我国政治体制上存在着的种种弊端，其实质是要通过改革党和国家领导制度逐步扩大社会主义民主，建立健全社会主义法制，从制度上保证党和国家政治生活的民主化、经济管理的民主化、整个社会生活的民主化，促进现代化建设事业的顺利发展。

新中国成立以后，由于特定的历史条件，我国建立了一套高度集中的经济管理体制，同时也建立了与此相适应的高度集权的政治体制，这在当时的历史条件下是无法避免的，也曾经起过积极的作用。但是，高度集权的政治体制，导致了权力的过分集中，导致了党政不分、以党代政、机构臃肿、官僚主义和家长制作风等种种弊端，已不适应现代化建设事业的要求。实行全面的政治体制改革，势在必行。

精简机构、克服官僚主义、提高办事效率，是邓小平的一贯思想，也是政治体制改革迫切要求解决的重要问题。改革开放和现代化建设事业的发展，与党和国家各级组织的机构臃肿，效率低下的矛盾日益突出。对此，邓小平曾多次做过分析和论述。1982年1月，他在中央政治局讨论中央机构精简的会议上发表讲话，明确提出，"精简机构是一场革命"。他指出，如果不搞这场革命，让党和国家各级组织继续目前这种机构臃肿重叠、职责不清，许多人员不称职、不负责，工作缺乏精力、知识和效率的状况，党和国家的方针政策就无法充分贯彻，人民是不会赞同的。这场革命不搞，让老人、病人挡住比较年轻、有干劲、有能力的人的路，不只是现代化事业没有希望，甚至要亡党亡国。当然，这不是对人的革命，而是对体制的革命。他认为，要下大决心搞好这场革命，工作要细，要把精简机构和选拔、培养接班人结合起来，不但要注意出的问题，还特别要注意进的问题。进就是选好接班人，最关键的问题是选比较年轻的、德才兼备的干部进各级领导班子。在邓小平的积极推动下，精简机构的工作首先在中央领导机关进行。到1982年上半年，中央党政机关机构改革工作第一阶段结束。改革后的国务院副总理由13人减少到2人，新设国务委员10人。中共中央和国务院经过机构精简，国务院所属部委、直属机构和办公机构由100个裁并为60个，工作人员总编制缩减1/3左右。仅据38个部委统计，正副部长、主任共减少67%，在新的领导班子中新选拔的中青年干部占32%，平均年龄由64岁降到58岁。中共中央直属单位、局级机构减少11%，工作人员总编制缩减17.3%，各部委的正副职减少15.7%。在新组成的领导班子中,新选拔的中青年干部占16%，平均年龄由64岁降为60岁。从1982年至1984年，各地也先后开展了精简机构的工作。

在邓小平的指导下，我国的政治体制改革稳步进展。在加强人民民主方面，人民代表大会制度得到健全，各级人民代表大会在立法及监督方面的功能大为增强；1980年进行了县级人大代表的直接选举，人民代表的素质得到明显改善；人民群众享有的民主权利也随着新宪法及其他有关法律的颁布而得以扩大并得到初步保障。在改善和加强党的领导方面，除采取党政分开的初步措施外，党中央恢复设立中央书记处，各级党委都实行集体领导与个人分工负责相结合的制度，党的集体领导制度得到恢复和健全，随着纪律检查系统的设立，党内监督制度大为增强。在干部制度改革和建设方面，遵循"革命化、年轻化、知识化、专业化"的方针，大力提拔优秀年轻干部，干部队伍素质得到明显改善。

1982年9月，中共中央决定设立顾问委员会。在解决领导干部新老交替问题上迈出了相当大的一步。邓小平在中央顾问委员会第一次全体会议上指出，中央顾问委员会是个新东西，是根据中国共产党的实际情况建立的，是解决党的中央领导机构新老交替的一种组织形式。从某种意义上说，顾问委员会是一种过渡性质的组织形式。我们的国家也好，党也好，最根本的应该是建立退休制度。顾问委员会的工作，总的说就是要按照新的党章办事。顾问委员会要注意的第一件事情，就是不要妨碍中央委员会的工作；第二，顾问委员会的成员要联系群众；第三，在保持党的优良作风方面以身作则。

在邓小平的指导下，党的十一届三中全会以来，我国在发展社会主义民主、健全社会主义法制、改革政府工作机构和干部人事制度等方面逐步推进政治体制改革，取得了重大进展。政治体制改革的稳步推进，营造了稳定的政治环境，展示了中国现代化大国的良好形象，推动了改革开放的深入进行。

第五节 提出中国特色社会主义

1982年9月1日至11日，中国共产党第十二次全国代表大会在北京召开。党的十二大胜利完成了拨乱反正的任务，全面开创了社会主义现代化建设的新局面。十二大报告宣布，党的十一届三中全会以来，经过全党全军和全国各族人民的艰苦努力，我们已经在指导思想上完成了拨乱反正的艰巨任务，在各条战线的实际工作中取得了拨乱反正的重大胜利，实现了历史性的伟大转变。中国共产党在新的历史时期的总任务是：团结全国各族人民，自力更生，艰苦奋斗，逐步实现工业、农业、国防和科学技术现代化，把我国建设成为高度文明、高度民主的社会主义国家。

党的十二大载入史册的一个重要标志就是邓小平在大会开幕词中提出了"建设有中国特色的社会主义"的重大命题，后来简化为"中国特色社会主义"，成为开创新局面的进军号。他指出："我们的现代化建设，必须从中国的实际出发。无论是革命还是建设，都要注意学习和借鉴外国经验。但是，照抄照搬别国经验、别国模式，从来不能得到成功。这方面我们有过不少教训。把马克思主义的普遍真理同我国的具体实际结合起来，走自己的道路，建设有中国特色的社会主义，这就是总结长期历史经验得出的基本结论。"这段话讲了一个非常重要的道理，提出了一个非常重大的命题。从那以后，"建设有中国特色的

245 / 第六章 定向——改革开放的原则和保证

中国共产党第十二次全国代表大会会场

社会主义"这句话就成为党和国家全部工作的主题。

中国特色社会主义的提出,不仅仅是历史的一个里程碑,而且反映了我们党对社会主义的新认识,是开辟新道路的标志。"走自己的道路",这是毛泽东和我们党在新民主主义革命时期就形成的思想。

搞社会主义也要走自己的道路，我们党从一开始就是这样做的。毛泽东写的《论十大关系》和《关于正确处理人民内部矛盾的问题》，出发点正是"以苏为鉴"。在1962年的"七千人大会"上，毛泽东讲得更加明确。他说："我们必须把马克思列宁主义的普遍真理同中国社会主义建设的具体实际，并且同今后世界革命的具体实际，尽可能好一些地结合起来，从实践中一步一步地认识斗争的客观规律。"正因为如此，我们取得了社会主义革命和建设的巨大成就。

然而，由于种种原因，我们在社会主义建设过程中，还是在一段时间里犯了脱离实际的错误，走了弯路，造成严重损失。邓小平曾总结说："过去照搬苏联搞社会主义的模式，带来很多问题。我们很早就发现了，但没有解决好。""例如'大跃进'和'文化大革命'。"出现失误的根本原因是脱离了中国的实际。

邓小平针对"文化大革命"带来的惨痛教训进行了具有历史纵深的理论思考，针对从中国国情出发搞社会主义的现代化建设的迫切需要，提出了关于如何认识和建设社会主义的一系列思想观点，这是"中国特色社会主义"理论命题的思考起点。我国社会主义建设中出现曲折和失误，归根到底就在于对什么是社会主义、怎样建设社会主义这个问题没有完全搞清楚。甚至在改革开放初期出现的一些犹豫和困惑，归根到底也在于对这个问题没有完全搞清楚。1978年12月13日，邓小平发表《解放思想，实事求是，团结一致向前看》的重要讲话，从确立正确的思想路线、政治路线，建立社会主义民主政治，提出改革开放任务几个方面，回答了如何认识和建设社会主义的最基本问题。十一届三中全会以后，我们党立足中国大地，从实际出发，通

1982年9月,中国共产党第十二次全国代表大会在北京举行,邓小平主持大会开幕式并致开幕词

过做历史决议,系统地总结历史经验,开始找到一条符合中国国情的现代化之路。

建设有中国特色的社会主义,的确是我们总结长期历史经验得出的基本结论,是我们党走了很大的弯路后才得出的真知灼见,具有厚重的历史感。它不但是新概念,而且有了新的含义。中国特色社会主义坚持了科学社会主义的基本原理,但已经不是原来那种受苏联模式影响的僵化的社会主义了,有了自己的特色。其中,蕴含了邓小平对"什么是社会主义、怎样建设社会主义"问题的很多思考。

在20世纪70年代中期至80年代初,邓小平已经提出了关于中国特色社会主义的某些重要思想。

比如，关于社会主义本质。邓小平在1980年5月就指出："社会主义是一个很好的名词，但是如果搞不好，不能正确理解，不能采取正确的政策，那就体现不出社会主义的本质。"可见，那个时候他就开始从本质上思考什么是社会主义的问题。他总是从社会主义一定要比资本主义优越这个角度来阐发这个问题。认为这主要表现在两个方面：一个是生产力要发展得比资本主义更快更高，一个是人民生活水平要不断改善和提高，而且要逐步实现共同富裕。他反复说明这个道理。这一观点与他后来明确概括的社会主义本质是完全一致的。

比如，关于社会主义初级阶段。邓小平在1980年4月就指出，总结历史经验，第一条就是"不要离开现实和超越阶段采取一些'左'的办法，这样是搞不成社会主义的"。他在这方面有许多论述，解放和启发了人们的思想，指导和推动我们党沿着这样的方向去思考并确立了社会主义初级阶段理论和党的基本路线。

比如，关于社会主义市场经济，邓小平在1979年就已经明确地把市场经济看作是发展生产力的方法。他指出："市场经济不能说只是资本主义的，社会主义也可以搞市场经济。""是社会主义的市场经济。"邓小平同志对这一重大理论问题的破解，极大地深化了我们对社会主义的认识，对后来我们党确立社会主义市场经济体制起到了关键作用。

除了这几个关于社会主义的重大理论创新外，在党的十二大之前，邓小平带领全党在"什么是社会主义、怎样建设社会主义"问题上，还提出了许多新的思想和观点。这反映在历史决议中的十个"主要点"中，可以看作是我们党对中国特色社会主义理论的第一次概括。

第六章 定向——改革开放的原则和保证

1982年9月,党的十二大决定设立中共中央顾问委员会。图为邓小平在中顾委第一次全体会议上讲话

　　实际上,邓小平在领导全党开展拨乱反正的过程中,一直在思考什么是"中国式的社会主义"。"中国式的社会主义"和"中国特色的社会主义",这两个概念是一个意思,邓小平同志当年经常交替使用,常用的还是"中国式的社会主义"。而且他从改革开放一开始就经常使用这个概念,这是他始终在思考的问题,是与他思考"什么是社会主义、怎样建设社会主义"的问题联系在一起的。但是,在1981年十一届六中全会做出历史决议以后,特别是十二大开幕词中使用了"建设有中国特色的社会主义",并且突出地解释和强调了这个意思以后,意义就不同了。这个不同,不但是因为从

此明确了这一重大理论概念，并把它上升为我们党总结历史得出的"基本结论"的高度，而且是因为这句话中已经蕴含了我们党关于社会主义的新理解和新含义。

本来，1980年5月召开的十一届五中全会决定提前召开十二大，来解决面对的各种问题。经过慎重考虑，邓小平提出，应先拿出一个历史决议对过去的问题盖棺定论，十二大不再纠缠历史问题，集中研究确定下一步发展的大政方针。"十二大就讲新话，讲向前看的话。"这样，十二大没有提前召开。中央集中就十二大的主题，即今后党和国家的长远建设和发展，组织充分筹备和酝酿。党的十一届三中全会以后到十二大，是拨乱反正时期，主要是理清历史旧账，理顺人心和社会关系，为开创中国特色社会主义廓清道路。十一届三中全会以来，中共在经济、政治、文化等各方面的工作中恢复了正确的政策，并且研究新情况、新经验，制定了一系列新的正确政策。十二大提出来的奋斗目标，都是从三中全会以来逐渐积累起来的。"和八大的时候比较，现在我们党对社会主义建设规律的认识深刻得多了，经验丰富得多了，贯彻执行我们的正确方针的自觉性和坚定性大大加强了。"邓小平曾用十分概括的语言指出："从十一届三中全会到十二大，我们打开了一条一心一意搞建设的新路。"

中国特色社会主义的提出，有着丰富的内涵，凝结着改革开放以来我们党对社会主义的新认识。它不仅是总结历史得出的基本结论，而且是新道路的最高范畴。它由此成为党和国家全部工作的主题，成为我们党在整个社会主义时期全部理论和实践的主题。为什么自从这个概念提出以后，我们党的历次代表大会报告的题目中都要有这句话？为什么我们的道路、理论、制度、文化，都要用这句话来表述、来概括？就是因为这句话准确地集中地反映了我们所做的事情的本质。

邓小平在办公室

1982年9月，邓小平同叶剑英、李先念、陈云在中共十二届一中全会上

253 / 第六章　定向——改革开放的原则和保证

80 年代初的邓小平

1989 年 6 月，邓小平在接见首都戒严部队军以上干部时讲话

第七章 新局——改革开放的全面推开

中华人民共和国万岁 世界

1984年11月20日上午，邓小平会见挪威首相科勒·维洛克。在谈话中，他对维洛克强调说："中国改革的路走对了，改革的步伐不会停顿。"

十年前，维洛克访华时，邓小平曾会见过他。维洛克说："我发现中国十年来发生了巨大的变化。"邓小平回答说："可以说，这是实质性的变化。"

邓小平接着应客人的要求介绍了中国经济改革的决策过程、目标和方针政策。他说，改革的决策是在1978年十一届三中全会上做出的。"我们否定了'文化大革命'，确立了社会主义建设的总任务、总路线，这就是全国上下一心一意地发展生产，搞四个现代化建设。"

在谈中国农村改革时，邓小平指出："农村改革实际上是一场革命，其目的是解放生产力。农村改革见效非常快，现在整个农村是一片兴旺发达的景象。农村普遍好起来了，人民高兴得很。"

邓小平说："农村改革的成功，鼓励了我们，增加了我们对整个国民经济进行全面改革的信心。农村改革的成功，给全面改革创造了条件，也提出了新的要求。"

他接着说，现在改革已成为全国上下一致的要求。我们在十二届三中全会上果敢地做出了关于经济体制改革的决定。这是我们的一个大胆的行动。城市经济改革，实际上是对整个经济体制的全面改革。我们意识到，城市改革的问题要比农村复杂得多，而且搞不好容易出乱子。在改革中，我们将采取谨慎的步骤，力求稳妥地前进。走的当中发现某一点有问题、不对，我们就改，不是方针政策改，而是在具体措施方面协调一下。

在介绍中国现代化发展战略目标后，邓小平指出：我们在今后十几年，再加五十年，一共六十几年的时间里都要实行对内搞活经济、对外开放的政策。

第一节 以城市为中心的全面改革

党的十一届三中全会后，改革首先在农村突破，"家庭联产承包责任制"得以推广，农民拥有了更多的经营管理权，大大提高了生产积极性，有的农村一年翻了身，有的两年摆脱了贫困状态。1983年初，邓小平来到江苏等地实地考察改革发展情况，回到北京后他对几位中央负责同志说："这次，我经江苏到浙江，再从浙江到上海，一路上看到情况很好，人们喜气洋洋，新房子盖得很多，市场物资丰富，干部信心很足。看来，四个现代化希望很大。"农村的变化有力地证明：只有坚决改革不适应生产力发展的经济体制，才能把经济搞活，把生产搞上去，才能使人民富裕，国家繁荣。

在农村改革取得显著成果的同时，对外开放也迈出新步伐，经济特区"杀出一条血路"，利用境外经验、技术和资金加快经济建设，取得重大成就。1984年初，邓小平到经济特区视察，回到北京后他又说："这次我到深圳一看，给我的印象是一片兴旺发达。深圳的建设速度相当快，盖房子几天就是一层，一幢大楼没有多少天就盖起来

1979年11月,邓小平会见美国不列颠百科全书出版公司编委会副主席吉布尼和加拿大麦吉尔大学东亚研究所主任林达光

了。""听说深圳治安比过去好了,跑到香港去的人开始回来,原因之一是就业多,收入增加了,物质条件也好多了。"

正是从1984年开始,我国经济体制改革重点从农村转向城市,这是一个重要变化。城市是中国经济、政治、科学技术、教育文化的中心,在社会主义现代化建设中起着主导作用。城市经济体制的改革跟不上来,不仅会阻碍农村继续前进,而且会影响整个国民经济的发展,影响十二大确定的到20世纪末工农业年总产值翻两番目标的实现。坚决地、系统地进行以城市为重点的整个经济体制的改革,是当时中国形势发展的迫切需要。但对城市经济体制进行改革,往往会牵一发而动全身，如果在缺乏经验的情况下贸然铺开，很可能把事情搞乱而难以收拾。因此，党中央、国务院对城市经济改革采取比农村更慎重的态度。

改革的探索是艰难的。在探索如何进行城市经济改革时，有过多种设想，其中包括能否将农村实行的承包制移用到城市企业中来。1983年初的一份材料中曾这样写道："近年来，我们的一些地方、一些同志，在农业生产责任制的启发下，在工商业方面勇敢地搞了一些各种形式的企业责任制的试验。这种经营责任制的根本要求和根本做法，归纳起来大致可以叫作：以承包为中心的，国家、集体、个人三者利益相结合的，职工福利和劳动成果相联系的经营责任制。试点证明：小企业可以搞，大企业也可以搞；集体所有制企业可以搞，全民所有制企业也可以搞；工业可以搞，商业和交通运输业也可以搞；已建成的企业可以搞，基建工程也可以搞；盈利的企业可以搞，需要国家补贴的企业也可以搞；还有一些事业单位也可以搞。""看来，这段改革潮流，势不可挡。我们的同志要积极加以领导，使之健康地向前发展。我们要注意汲取过去在拨乱反正和推行农业生产责任制过程中出现的那种没有跟上跟好的教训。"

最初曾要求在城市中尽快全面推行的以承包为中心的办法，后来考虑先在北京西单、前门两条商业街试行班组和柜台按销售额承包。当时有的报上还宣传"一包就灵，一包就变"。但经过实践的检验看出，城市的情况远比农村复杂，整个城市内部的方方面面既密切联系又相互制约，各企业的条件和承包人的素质又有很大差别，不能把农村的承包责任制简单地搬到城市里实行。在推行初期又发现：承包有一定期限，常常造成经营者的短期行为；承包内容主要是包上缴利润，这容易导致企业片面生产高利润产品，而不愿生产利润低但为民众需要的产品；包干基数普遍过低，超收分成比例过高，负盈不负亏，造成损公肥私；得利者分布不平衡，承包人个人收入通常比一般工人高得多。这个试验并不是很成功。对此，陈云曾提醒道："改革必须经过试点。因为试点而使改革的进度慢了，与为了加快改革的进度而不经过试点，以致改得不好，还要回过头来重新改，这两种损失相比，前一种比后一种要小些。"

在这以后采取的一项重大措施就是实行"利改税"。1983年4月12日，国务院发布《国营企业利改税试行办法》。在十一届三中全会以前，"我国的国营企业基本上没有自有资金，盈利全部向上交，开支全部向上交，国家统负盈亏，企业事实上是国家的附属物，没有独立行为的能力，所以不可能成为一个法人"。采取利改税等办法后，"国营企业分得一部分税后盈利，使它有可能用自己的资金进行企业的革新改造，增加集体福利设施和对有特殊贡献的职工多发一点奖金"。它使企业可以摆脱对中央各部和各级地方政府的直接隶属关系，保持相对的独立性，是税收制度上的重大改革。以税法、税率来规定国家和企业的分配关系，来调节企业的经济活动，是经济现代化所必需的。当时，国务院"总的思路是想通过利改税，来加快城市改革的步伐"。这是前进了一大步，但这对城市经济改革来说仍是不够的。

随着国民经济的发展和经济运行机制的变化，经济工作中另一个争论又出现了，那就是计划和市场的关系问题，当时主要围绕着社会主义社会是否发展商品经济而展开讨论。计划和市场都是发展生产力

1984年10月，邓小平在中共十二届三中全会上

的方法和手段，不是根本对立的。只要是社会化的大生产，都得有一定的计划性。只要存在商品货币关系，就必须利用市场和价值规律。新中国成立以来长期存在的问题是实行高度集中的计划经济，忽视了商品生产、价值规律和市场的作用，结果把经济工作统得很死，使它缺乏发展的活力。

对这样复杂而又缺乏经验的问题，找到一条正确的出路并不容易。邓小平说："城市经济改革比农村经济改革复杂得多，难免出差错，冒风险。我们意识到了这一点。但是，要发展生产力，经济体制改革是必由之路，对此我们有充分的信心。"

1984年10月20日，中共中央召开十二届三中全会，全会认真总结了多年的实践经验，通过了《中共中央关于经济体制改革的决定》。《决定》根据马克思主义基本原理同中国实际相结合的原则，阐明了加快以城市为重点的整个经济体制改革的必要性、紧迫性，规定了改革的方向、性质、任务和各项基本方针政策，是指导我国经济体制改革的纲领性文件。《决定》最引人注目的是，经济工作的重点从调整转向全面改革，并且强调改革是为了把经济搞活，建立充满生机的社会主义经济体制，反映出中国的经济体制改革进入了一个新阶段。

《决定》在经过实践反复探索的基础上对城市经济改革提出了系统的全盘性的意见。它写道："城市企业是工业生产、建设和商品流通的主要的直接承担者，是社会生产力发展和经济技术进步的主导力量。""具有中国特色的社会主义，首先应该是企业有充分活力的社会主义。而现行经济体制的种种弊端，恰恰集中表现为企业缺乏应有的活力。所以，增强企业的活力，特别是增强全民所有制的大中型企业的活力，是以城市为重点的整个经济体制改革的中心环节。""要实现这个基本要求，势必牵动整个经济体制的各个方面，需要进行计划体制、价格体系、国家机构管理经济的职能和劳动工资制度等方面的配套改革。中央认为，这些改革，应该根据国民经济各个环节的内在联系和主客观条件的成熟程度，分轻重缓急和难易，有先有后，逐步进行，争取用五年左右的时间基本实现。"[1]

《决定》对这方面的改革还做出具体规定，包括：建立自觉运用价

---

[1] 范永进，朱瑶翠；郑俊铿，郑伟刚副主编.经济体制改革和股份制实践[M].上海：上海社会科学院出版社，2012.04.

值规律的计划体制，发展社会主义商品经济；建立合理的价格体系，充分重视经济杠杆的作用；实行政企职责分开，正确发挥政府机构管理经济的职能；建立多种形式的经济责任制，认真贯彻按劳分配原则；积极发展多种经济形式，进一步扩大对外的和国内的经济技术交流；起用一代新人，造就一支社会主义经济管理干部的宏大队伍；加强党的领导，保证改革的顺利进行。《决定》规定：国有企业的所有权和经营权适当分离，使国有企业成为自主经营、自负盈亏、相对独立的商品生产者和经营者，普遍实行厂长负责制。

有了这个《决定》，从打破"大锅饭"入手，以城市为重点的整个经济体制改革便全面展开了。在所有制结构方面，以公有制经济为主体、多种经济成分共同发展的新格局开始形成。到1987年，工业产值中，国有经济的比重为59.7%；集体经济的比重从改革前的23.4%，上升为34.6%；非公有制经济的比重从改革前的几乎为零，上升为5.6%，对发展生产、方便人民生活和解决就业问题发挥了明显作用。在国有企业内部，实行企业所有权和经营权分离的原则，实行厂长（经理）负责制，进一步推行利改税，扩大经营者的经营自主权。1987年同1978年相比，国营企业留利占利润总额的比重从3.7%上升到40%以上，使企业增强了自我改造和自我发展的能力。国务院发出《关于深化企业改革、增强企业活力的若干规定》，决定：全民所有制大中型企业要实行多种形式的经营责任制；各地可选择少数有条件的全民所有制大中型企业，进行股份制试点。全国人大常委会还通过《企业破产法（试行）》。

在国家的计划体制方面，国务院批转国家计委《关于改进计划体制的若干暂行规定》，并在批转这个《规定》的通知中强调：要根据"大的方面管住管好，小的方面放开放活"的精神，缩小指令性计划的范围，扩大指导性计划和市场调节的范围，"对关系国计民生的重要经济活动，实行指令性计划。对大量的一般经济活动，实行指导性计划。对饮食业、服务业和小商品生产等方面，实行市场调节"。以后，随着物资的越来越丰富，除粮、油外的其他消费品价格陆续放开，基本取消票证，做到敞开供应。

《决定》中"要突破把计划经济同商品经济对立起来的传统观念"的论断，是理论上的重要突破。这里说的"商品经济"，基本上是指市场经济。计划和市场的关系，是邓小平一直在思考的问题。他早在1979年11月就说过："说市场经济只存在于资本主义社会，只有资本主义的市场经济，这肯定是不正确的。社会主义为什么不可以搞市场经济，这个不能说是资本主义。"十二届三中全会做出不能把计划经济和商品经济对立起来的论断，虽然在认识的发展上还只是初步的，却成为以后提出实行社会主义市场经济体制的先导思想。

《决定》还有许多理论上的重要突破，如"《决定》确认企业的所有权和经营权是可以适当分开的。这突破了把全民所有同国家机构直接经营混为一谈的传统观念。""《决定》确认，计划经济不等于指令性计划为主。这突破了计划管理同价值规律互不相容的传统观念。"这个文件，继实现工作重点转移、进行经济调整、推动农村改革之后，对制定全面改革蓝图、推动以城市为重点的整个经济体制改革，起了重要作用。

邓小平对这个文件很满意，他在全会上说："这个决定，是马克思主义的基本原理和中国社会主义实践相结合的政治经济学。"两天后，他又在中央顾问委员会全会上说："这次经济体制改革的文件好，就是解释了什么是社会主义，有些是我们老祖宗没有说过的话，有些新话。我看讲清楚了。过去我们不可能写出这样的文件，没有前几年的实践不可能写出这样的文件。写出来，也很不容易通过，会被看作'异端'。"

第二节 对外开放新格局

十一届三中全会以来，随着对外开放政策的实施，外资经济开始逐步在我国发展壮大起来，经济特区的发展也进入快车道。这对于引进发达国家的资金、先进技术及管理经验无疑具有重要意义。但由于长期以来"左"的思想的束缚和传统的计划经济体制的影响，闭关自守的思想尚未根本打破，许多人难免会对经济特区和引进外资深表疑虑。就在深圳的蛇口工业区机器轰鸣、劈山填海之际，有位抗战时期曾在这里打过游击的老战士泪流满面，痛心疾首地说："革命先烈得来的土地，给你们一下子卖掉了。"还有人说"辛辛苦苦几十年，一夜之间变成解放前"。这种心态不只是老同志有，相当一部分干部群众也有类似的疑问，而且在相当长的一段时间内都还存在。

在此背景下，一场后来被称为"租界风波"的争论不期而至。事情是从一篇名为《旧中国租界的由来》的材料引起的。1982年2月，中央书记处在北京召开了广东、福建两省座谈会，专题研究打击走私贩私、贪污受贿问题。会议也同时印发了这份看起来毫不相干的材料。

材料上说，1845年驻上海的英国领事同上海道台订立了一个《上海租地章程》。粗看起来，这个章程似乎是些事务性规定，并没有取消中国在出租土地上的主权。但英国人却巧妙地利用它，在上海建立了租界制度，形成了独立于中国法权之外的国中之"国"。租界的设立，不仅扩大了帝国主义对中国的奴役和剥削，"还培植了中国的买办阶级"。

这个材料显然是在影射经济特区把土地有偿提供给外商使用有变成旧中国"租界"之嫌，较为隐讳地表明了对引进外资、设立经济特区的疑虑。担心对外开放政策会导致中国丧失国家主权，担心外资经济会对我国的民族工业造成冲击，担心外国资本主义进入中国会造成一个新的买办阶级。这篇文章在当时颇具代表性，它表明了一些人对我国的对外开放政策和发展外资经济的忧虑和疑惧。

不久，在国内某家颇有影响力的报纸上，以醒目的标题，公开刊登《旧中国租界的由来》一文，引起很大争议。同年4月，某报又在《读史札记》栏目上登载了《痛哉！〈租地章程〉》，提醒人们认识"外国侵略者通过历次《租地章程》大肆掠夺中国领土和主权的惨痛事实""对于已经站起来的中国人民来说，它是不可忘记的一页"。与其说这些言论是在提醒人们勿忘国耻，不如说是借题发挥，不赞成甚至反对中国搞经济特区。

另外，人们议论较多的还有：特区是经济特区，政治上特不特呢？1981年7月，中共中央、国务院批转的《广东、福建两省和经济特区工作会议纪要》明确提出："这些疑问是没有根据的。我国特区是经济特区，不是政治特区。特区内全面行使我国主权，这和不平等条约产生的租界、殖民地在性质上根本不同"。可见我国在创办特区之初就已

1984年1月,邓小平在深圳国贸大厦楼顶俯瞰建设中的深圳全貌

明确了特区的性质。然而,当时党内外仍有人对特区不放心。特区成立不久,在经济迅速发展的同时也出现了一些问题。对于这些问题,是通过深化改革来加以解决还是以此否定特区,便成为问题的焦点。一时间,各种说法竞相而出,说特区是"殖民地","特区变了颜色,成了租界",甚至说"创办特区是一种变相的卖国行为",要求停办特区。这样一来,本来应当进入阳春季节的经济特区,却有点风雨萧瑟的味道。

真正为特区正名的是邓小平。历史的车轮刚刚驶入1984年,邓小平就来到了改革开放的最前沿。他说:"经济特区是我的提议,中央的决定。五年了,到底怎么样,我要来看一看。"

1月24日中午,专列驶入深圳车站,邓小平第一次踏上了经济特

1984年2月，邓小平在"鹭江"号游艇上听取中共福建省委书记项南的汇报

区这片热土。下午3点，在深圳迎宾馆6号楼会议室，邓小平听取了深圳市委负责人的情况汇报。长达一个多小时的汇报会，邓小平始终平静而认真地倾听着，没有表态。听完汇报后，邓小平说："这个地方正在发展中，你们讲的问题我都装在脑袋里，我暂不发表意见，因为问题太复杂了，对有些问题要研究研究。"散会后，下午4时50分，邓小平等乘坐大型客车来到正在兴建的罗湖商业区。他登上刚刚竣工开业的22层国际商业大厦天台。近处的深圳全景，蜿蜒的深圳河，远处隐藏在雾气中的香港，尽收眼底。他意味深长地对旁边的人说："看见了，我都看清楚了。"

1月25日上午，邓小平来到中国航空技术进出口公司深圳工贸中心，参观电子产品的生产程序，详细了解有关技术知识，并听取关于引进国外先进技术生产电脑设备和开发软件的汇报。在谈到电脑软件开发时，他说："软件占80%，硬件占20%，这就要靠脑子。杨振宁说美国都是十六七岁的娃娃搞软件，好多尖端技术都是娃娃搞出来的。"还说："要积极培训青少年。搞软件，我们有条件，中国有一大批好的娃娃。现在不少下象棋、围棋的都是娃娃。"

下午，邓小平来到富甲一方的深圳渔民村。村党支部书记吴柏森早已在村口等候。"欢迎您，欢迎您！"吴柏森激动地握着邓小平的手，把他引进家门。双层的小洋楼，房内冰箱、彩电、洗衣机、全套不锈钢炊具、电子煤气炉等家用器具一应俱全。当了解到吴柏森一家平均每人月收入四五百元时，邓小平高兴地对随行人员说："比我的工资还高呢！全国农村要过上这样的生活，恐怕还要一百年！"女儿邓林在一旁说："深圳也要那么久吗？"旁边的深圳市委领导急忙插话："有您的领导，一定会很快。"邓小平说："那也得要50年！"

接着，邓小平又到了珠海、厦门视察，经济特区的勃勃生机，让邓小平倍感振奋。此行，他为特区留下了三个题词："深圳的发展和经验证明，我们建立经济特区的政策是正确的。""珠海经济特区好。""把经济特区办得更快些更好些。"从这些题词中，能够看出邓小平对特区发展的肯定和期待。这时，在他的心中，已经有了一幅更大更美的图画。

2月24日，刚从南方回到北京不久，邓小平同胡耀邦、赵紫阳、万里等中央负责人谈话，谈办好经济特区和增加对外开放城市的问题。他不无兴奋地说："最近，我专门到广东、福建，跑了三个经济特区，还到上海看了看宝钢，有了点感性认识。""这次我到深圳一看，给我的印象是一片兴旺发达。"

接着,邓小平不顾有的同志怕口子开得太多的忧虑,明确指出:我们建立经济特区,实行开放政策,有个指导思想要明确,就是不是收,而是放。特区是个窗口,是技术的窗口,管理的窗口,知识的窗口,也是对外政策的窗口。厦门特区地方划得太小,要把整个厦门岛搞成特区。厦门特区不叫自由港,但可以实行自由港的某些政策,这在国际上是有先例的。除现在的特区之外,可以考虑再开放几个港口城市,如大连、青岛。这些地方不叫特区,但可以实行特区的某些政策。我们还要开发海南岛,如果能把海南岛的经济迅速发展起来,那就是很大的胜利。如果将来沿海地区搞好了,经济发展了,有了条件,收入就可以高一点,消费就可以增加一点,这是合乎发展规律的。要让一部分地方先富裕起来,搞平均主义不行。这是个大政策。

紧接着,沿海部分城市座谈会召开了,这是一次高规格的对外开放工作会议。在中南海怀仁堂,中央许多领导同志都到会听取发言,同大家一起讨论,畅所欲言。在谈到开发区的名称问题时,一开始准备叫"经济开发区"。时任天津市副市长的李岚清提出了自己的看法。他回忆说:"当时我代表天津市提出开发区不仅是创造一个吸收外资、加速经济发展的'小环境',而且要强调引进先进技术,建议叫'经济技术开发区'。后来,这个建议被采纳了。"

对于开放沿海港口城市,在邓小平与中央几位负责人谈话时,已初步议定了上海、天津、大连等8个城市,没有包括江苏省的港口城市。时任江苏省省长的顾秀莲回忆说:"我知道情况后,立即赶到北京,当时会议还在进行。我提议增列江苏的南通和连云港。广东、福建的同志提出，为何没有他们两省的沿海城市？经过讨论研究，又列入了广州、湛江和福州3个城市。后来又增加了秦皇岛。"

根据邓小平的建议，同年5月，中共中央、国务院批转《沿海部分城市座谈会纪要》，决定进一步开放天津、上海、大连、秦皇岛、烟台、青岛、连云港、南通、宁波、温州、福州、广州、湛江、北海14个沿海港口城市。对这些城市在利用外资和引进技术方面给予更多的自主权，实行经济特区的某些特殊政策，并在这些城市划出一定区域兴办经济技术开发区，给前来投资和提供先进技术的外商以优惠待遇，为他们创造良好的投资环境。

14个沿海开放城市和第一批经济技术开发区的建立，形成了一个对外开放的沿海黄金地带，标志着我国对外开放的步伐进一步加快，已开始建立起全方位对外开放的新格局，标志着对外开放作为一项基本国策得以确立。从南到北，沿海地区开放大步向前推进，我国的对外开放呈现出崭新的局面。1984年后的中国，对外开放不断地迈出新的步伐，一个全方位、多层次、宽领域的对外开放新格局逐步形成。

经济特区是我国最早对外开放的地区，是对外经济交流最活跃的地区，也是最能代表改革开放形象的地区。邓小平不仅是我国经济特区的缔造者，而且一直关注并亲自指导着经济特区的建设和发展。1985年6月，他指出："深圳经济特区是个试验。路子走得是否对，还要看一看。它是社会主义的新生事物。搞成功是我们的愿望，不成功是一个经验嘛。""这是个很大的试验，是书本上没有的。"7月，邓小平又指出："深圳是个试验""经济特区还是一个试验""我们的整个开放政策也是一个试验，从世界的角度来讲，也是一个大试验。"

经济特区也得到其他中央领导人的支持。陈云后来说："先念同志和我虽然都没有到过特区，但我们一直很注意特区建设，认为特区要办，必须不断总结经验，力求使特区办好。这几年，深圳特区经济已经初步从进口型转变成出口型，高层建筑拔地而起，发展确实很快。现在我们国家的经济建设规模比过去要大得多、复杂得多，过去行之有效的一些做法，在当前改革开放的新形势下很多已经不再适用。这就需要我们努力学习新的东西，不断探索和解决新的问题。"

新加坡前总理李光耀访问深圳时也这样说："你们社会主义怎么走，没有实验室不行。深圳就是实验室。"历史经验表明，发展中国家不断扩大对外开放的程度，不断提升对外开放的水平，有利于充分吸收和借鉴发达国家成功的经验和做法，减少摸索时间，发挥后发优势，实现跨越式发展。

作为我国改革开放和现代化建设的总设计师，邓小平始终坚持对外开放和发展外向型经济的大方向。他反复告诫广大党员干部，现在的世界是开放的世界，不能关起门来搞建设。吸收外国资金、引进外国技术，甚至包括外国在中国建厂，可以作为我们发展社会主义社会生产力的补充。当然，在对外交往的过程中，肯定会带来一些资本主义的腐朽的东西。但这并不可怕。当时，有些人害怕外资企业的发展会对民族经济构成威胁，担心外资经济会冲击中国的民族工业。针对这些疑虑，邓小平也明确表示：发展经济，不开放是很难搞起来的。经济的发展需要各国资金和技术上的相互融合和交流。对外开放是相互的。中国的民族工业只有在日益密切的对外交往中，才能提高自身的竞争力。随着时间的推移，人们的认识也在悄然发生变化，在摆脱了旧的观念的束缚之后。对外开放政策逐渐得到了越来越多的人的认同和理解。经济特区迅速崛起的事实也消除了人们以前的种种疑虑。

第三节 提出"一国两制"伟大构想

实现祖国统一，这是亿万炎黄子孙的共同呼声，也是中国共产党人的神圣使命。国家统一，也是中外历史上经常面对的难题。历史上的统一，武力征服是一种常见手段，但这种手段下统一的实现往往是以惨烈的牺牲和巨大的破坏为代价的。

1978年底，党的十一届三中全会做出把全党的工作重点转移到社会主义现代化建设上来的重大决策，实现了新中国成立以来党的历史上具有深远意义的伟大转折。同时，中美正式建交、两国关系的正常化为台湾海峡两岸关系的突破提供了历史性的契机。在步入新的历史时期，和平与发展成为世界主流，我国的国内形势和国际环境发生很大变化的情况下，能不能通过别的方式，也就是说提出一种各方都能接受的方案来解决香港问题？

早在1978年下半年中美两国建交谈判的过程中，邓小平就开始集中精力思考如何根据"台湾的实际情况，采取恰当的政策解决台湾问题，实现国家的统一"。他针对台湾问题的解决方式发表了多次谈话，阐释其新的思考"我们将尊重台湾的现实来解决台湾问题"。1979年1月1日，在中美两国正式建交的同时，全国人大常委会发表《告台湾同胞书》，宣布了和平解决台湾问题的方针，"一定要考虑现实情况，完成祖国统一的大业，在解决统一问题时尊重台湾现状和台湾各

1984年初,邓小平为深圳经济特区题词

界人士的意见,采取合情合理的政策和办法,不使台湾人民蒙受损失"。

怎样才是合情合理的政策和办法?历史证明,邓小平成功地解决了这个世界性的难题,方法就是"一国两制"。用他自己的话说:"'一国两制'是从中国的实际提出的,中国面临一个香港问题,一个台湾问题。解决问题只有两个方式:一个是谈判方式,一个是武力方式。用和平谈判的方式来解决,总要各方都能接受,香港问题就要中国和英国,加上香港居民都能接受。什么方案各方都能接受呢?就香港来说,用社会主义去改变香港,就不是各方都能接受的。所以要提出'一国两制'。"

1979年12月，邓小平在会见日本首相大平正芳的谈话中，比较清楚地表达了"一国两制"的构想。他指出："我们提出了台湾回归祖国，实现祖国统一的目标。实现这个目标，要从现实情况出发。对台湾，我们的条件是很简单的，那就是，台湾的制度不变，生活方式不变，台湾与外国的民间关系不变，包括外国在台湾的投资、民间交往照旧。""台湾作为一个地方政府，可以拥有自己的自卫力量，军事力量。条件只有一条，那就是，台湾要作为中国不可分的一部分。它作为中国的一个地方政府，拥有充分的自治权。"

1981年9月，叶剑英委员长就向新华社记者发表谈话，阐明关于台湾回归祖国实现和平统一的九条方针，被人们称为"叶九条"。1982年1月，邓小平在会见一位海外朋友时说："九条方针是以叶副主席的名义提出来的，实际上是一个国家、两种制度。""两种制度是可以允许的，他们不要破坏大陆的制度，我们也不要破坏他那个制度。"邓小平还说，"不只是台湾问题，还有香港问题，大体上也是这九条。我们正在逐渐把这个问题提到日程上。澳门也算类似的问题。"

"一国两制"的构想提出来了，站在我们今天的角度看，似乎香港问题就迎刃而解了，但事实远非如此。事非经过不知难，香港问题的解决并非坦途，而是充满荆棘和波折。

1979年3月至1982年4月，香港总督麦理浩和英国前首相希思先后访华，目的都是试探中国方面对解决香港问题的态度。邓小平接见了他们，阐述了解决香港问题的立场。自1979年至1982年，中国政府就香港问题进行了整整三年的调查研究工作，初步形成了"一国两制"的新思维，为通过外交谈判解决香港问题奠定了坚实的思想理

1984年12月，邓小平会见来中国参加中英两国政府关于香港问题联合声明签字仪式的英国首相玛格丽特·撒切尔夫人

论和政策基础。中国在什么时间、以什么方式对香港恢复行使主权，必须考虑如何维护香港回归前后的稳定和繁荣，以最大限度地利用香港"自由港"和"国际经济中心"的经济地位、经济资源、经济价值为中国内地的改革开放和社会主义现代化建设服务。

中英两国政府通过谈判解决香港问题，从一定意义上说，也是双方最高决策人的较量。中方的主帅是邓小平，毛泽东称他为"钢铁公司"，外界称他为"钢汉子"。英方的主帅是首相撒切尔夫人，号称"铁娘子"，也称"铁女人"。她具有十分强烈的民族意识，意志坚强、锋芒毕露、独断专行是她的一贯作风。

英国在香港有着巨大的利益，英国人统治了香港一百多年。香港是英国皇冠上仅剩的一颗明珠，绝不肯轻易放弃。1982年，解决香港问题提到两国政府日程上来。这年秋，撒切尔夫人要来华访问。目的只有一个，希望英国继续保持对香港的统治地位。况且，此时的英国刚刚取得了"马岛之战"的胜利，也更加激发了这位"铁娘子"的雄心。

英方的强势使得中方有关部门严阵以待。时任国务院港澳事务办公室主任的鲁平回忆说："事先我们向小平同志汇报撒切尔夫人这个情况，说这个人叫'铁娘子'，很强的。小平同志说，你们放心，不管她讲什么，我能对付她的，我有办法对付她。"

1982年9月24日上午，北京人民大会堂福建厅。邓小平和撒切尔夫人，中英谈判的两名主角登场亮相了。毫无疑问，这是中西方两个以强硬果敢著称的顶级政治家的巅峰对决。

不出所料，踌躇满志的撒切尔夫人先发制人，她接连出了三张牌：一是三个不平等条约是有效的，英国是根据这个管治香港的；二是香港要保持现在的繁荣，必须由英国人管治，没有英国人的管治，香港的繁荣就没有了；三是如果中国方面宣布要收回香港，香港就会出现动乱，要面临灾难性的后果。

显然，撒切尔夫人低估了中国政府和邓小平收回香港的决心。邓小平针对她的论调进行了针锋相对的反驳：一是主权问题不是一个可以讨论的问题，中国在这个问题上没有回旋的余地。1997年中国将收回整个香港。二是香港继续保持繁荣，根本上取决于中国收回香港后，在中国管辖之下，实行适合于香港的政策。三是如果说宣布要收回香港就会像夫人说的"带来灾难性的影响"，那我们要勇敢地面对这个灾

1984年5月，邓小平会见港澳记者，谈中国在香港驻军问题

难，做出决策。如果香港发生严重的波动，中国政府将"被迫不得不对收回香港的时间和方式另作考虑"。

邓小平的话包含的内容是沉甸甸的。"时间和方式另作考虑"，那就是说收回香港不是用和平的方式了，时间也不等到1997年了。撒切尔夫人显然听懂了邓小平的话，先发制人的她没有占到任何便宜，"铁"碰到了"钢"。败下阵来的撒切尔夫人开始认真聆听邓小平富有建设性的能解决问题的建议。

邓小平提出三个问题：第一个是主权问题，总要双方就香港归还中国达成协议；第二个是1997年中国恢复行使主权之后怎么样管理香港，也就是在香港实行什么样的制度的问题；第三个是15年过渡期间的安排问题，也就是怎样为中国恢复行使主权创造条件。撒切尔夫人同意谈这些问题。虽然这次会谈充满了火药味，但双方同意通过外交途径进行磋商。后来双方的谈判是艰苦而漫长的，但始终是依据这次会谈中定下的调子进行的。

随着改革开放的深入进行，和平与发展已经成为世界历史发展的主题，邓小平关于"一国两制"的构想逐渐成熟。1983年6月，邓小平在会见美国新泽西州西东大学教授杨力宇时说，问题的核心是祖国统一。和平统一已成为国共两党的共同语言。但不是我吃掉你，也不是你吃掉我。我们不赞成台湾"完全自治"的提法。自治不能没有限度，既然有限度就不能"完全"。"完全自治"就是"两个中国"，而不是一个中国。制度可以不同，但在国际上代表中国的，只能是中华人民共和国。我们承认台湾地方政府在对内政策上可以搞自己的一套。台湾作为特别行政区，虽是地方政府，但同其他省、市以及自治区的地方政府不同，可以有其他省、市、自治区所没有而为自己所独有的某些权力，条件是不能损害统一的国家的利益。邓小平还指出，祖国统一后，台湾可以有自己的独立性，可以实行同大陆不同的制度。"司法独立，终审权不须到北京。台湾还可以有自己的军队，只是不能构成对大陆的威胁。大陆不派人驻台，不仅军队不去，行政人员也不去。台湾的党、政、军等系统，都由台湾自己来管。中央政府还要给台湾留出名额。"这就是海内外广为传颂的"邓六条"。

1984年2月，邓小平在会见美国乔治城大学战略与国际问题研究中心主任布热津斯基的谈话中，第一次使用了"一个中国，两种制度"的提法。他说："我们提出的大陆与台湾统一的方式是合情合理的。统一后，台湾仍搞它的资本主义，大陆搞社会主义，但是是一个统一的

1984年6月,邓小平会见香港知名人士钟士元等

中国。一个中国,两种制度。香港问题也是这样,一个中国,两种制度。"4月,在会见美国总统里根时,邓小平又说,中国政府为解决台湾问题做了最大努力,就是在不放弃主权原则的前提下允许在一个国家内部存在两种制度。这里,邓小平又将"一个中国,两种制度"的提法,改为"一个国家,两种制度",使之更具有普遍意义。

1984年6月,邓小平在会见香港工商界访京团和香港知名人士钟士元等人时,全面阐释了"一个国家,两种制度"的构想。他指出:"我们的政策是实行'一个国家,两种制度',具体说,就是在中华人民共和国内,十亿人口的大陆实行社会主义制度,香港、台湾实行资本主义制度。""中国的主体必须是社会主义,但允许国内某些区域实行资本主义制度,比如香港、台湾。"至此,邓小平"一国两制"的构想正式形成。

1984年9月，经过22轮的"拉锯"，中英两国政府关于香港问题的谈判也终于落下帷幕。《中英联合声明》草签后，邓小平由衷地说："香港问题为什么能够谈成呢？并不是我们参加谈判的人有特殊的本领，主要是我们这个国家这几年发展起来了，是个兴旺发达的国家，有力量的国家，而且是个值得信任的国家，我们是讲信用的，我们说话是算数的。"

"不打不相识"，撒切尔夫人也通过香港谈判，进一步了解了中国。1984年12月，来华正式签署《中英联合声明》的她再次见到了老对手——邓小平。和两年前相比，邓小平没有明显的变化，但脸上却洋溢着春风。他热情地握住撒切尔夫人的手，衷心祝贺《中英联合声明》的成功签署，祝愿她在北京访问愉快。撒切尔夫人再次端详眼前的这位小个子东方巨人，由衷地称赞邓小平提出的"一国两制"的构想是最天才的创造，并认为这对于解决国家间及国家内存在的历史遗留问题和争端具有示范作用。

"一国两制"是中国的一个伟大创举，是中国为国际社会解决类似问题提供的一个新思路新方案，是中华民族为世界和平与发展做出的新贡献，凝结了海纳百川、有容乃大的中国智慧。

第四节 对"什么是中国特色社会主义"的回答

1982年9月，当邓小平在党的十二大开幕会上提出"建设有中国特色的社会主义"的时候，并没有引起很多人的注意。对这句话的新意，人们当时也并没有足够的认识。

十二大以后，在邓小平的领导和推动下，我国改革开放和社会主义现代化建设全面展开，从农村改革到城市改革，从经济体制改革到各方面的改革，从对内搞活到对外开放，有力推动了我国经济发展和社会进步。社会主义建设及改革开放实践的不断深化，推动了建设有中国特色社会主义理论的发展。

1983年1月，邓小平提出，各项工作都要有助于建设有中国特色的社会主义。他围绕这个主题，及时总结改革开放和现代化建设的实践，在理论上提出了许多重要观点。特别是在20世纪80年代中期，农村改革和经济特区取得成功，"一国两制"与和平发展是时代主题等思想形成，中国特色社会主义理论逐渐系统化起来。人们开始对"建设有中国特色的社会主义"这句话涵盖的意义逐渐有了更多的认识。特别是邓小平同志1984年的一篇谈话，给人们留下了深刻印象。

1984年6月30日，邓小平会见第二次中日民间人士会议日方委员会代表团。在回答外宾提出的"什么是中国式的社会主义"的问题时，他从坚持马克思主义讲到什么是马克思主义、什么是社会主义，从中国的近代史讲到现在，从国内讲到国际，从改革讲到开放，从经济讲到政治，讲了"一整套相互关联的方针政策"。

邓小平指出："我们多次重申，要坚持马克思主义，坚持走社会主义道路。但是，马克思主义必须是同中国实际相结合的马克思主义，社会主义必须是切合中国实际的有中国特色的社会主义。""社会主义阶段的最根本任务就是发展生产力，社会主义的优越性归根到底要体现在它的生产力比资本主义发展得更快一些、更高一些，并且在发展生产力的基础上不断改善人民的物质文化生活。""社会主义要消灭贫穷。贫穷不是社会主义，更不是共产主义。"

邓小平滔滔不绝，语惊四座。谈到改革开放，他说："我们首先在农村实行搞活经济和开放政策，调动了全国百分之八十的人口的积极性。我们是在1978年底制定这个方针的，几年工夫就见效了。不久前召开的第六届全国人民代表大会第二次会议决定，改革要从农村转到城市。城市改革不仅包括工业、商业，还有科技、教育等，各行各业都在内。总之，我们内部要继续改革，对外进一步开放。""现在的世界是开放的世界……三十几年的经验教训告诉我们，关起门来搞建设是不行的，发展不起来。""我们开放了十四个沿海城市，都是大中城市。我们欢迎外资，也欢迎国外先进技术，管理也是一种技术。"

最后，他自信地说："这就是我们的构想。""总的来说，这条道路叫作建设有中国特色的社会主义的道路。我们相信，这条道路是可行的，是走对了。走了五年半，发展得不错，速度超过了预期。这样发展下去，到本世纪末翻两番的目标一定能够实现。现在可以告诉朋友们，我们的信心增加了。"这次谈话随后在《瞭望周刊》杂志上以"邓小平谈什么是有中国特色的社会主义"为题做了报道，引起国内外的高度关注。

中国特色社会主义既体现了继承前人，又体现了创新发展。由于邓小平的这些思想是关于社会主义的新思想，全党要有一个认识的过程，而这些思想本身也有一个成熟、完善、丰富的过程，其正确性有一个实践检验的过程。

在邓小平提出"建设有中国特色的社会主义"后，创立中国特色社会主义理论并且在新的实践中不断地丰富和发展这个理论，成为一代又一代中国共产党人矢志不移的追求。从此，我们党的每次全国代表大会，主题都是中国特色社会主义，都有一个部分专门论述中国特色社会主义理论问题。

1987年，党的十三大报告的题目是"沿着有中国特色的社会主义道路前进"。报告总结了十一届三中全会以后9年的实践经验，系统地阐述了9年来我们党在对社会主义再认识的过程中，在哲学、政治经济学和科学社会主义等方面发挥和发展的12个科学理论观点，明确指出："这些观点，构成了建设有中国特色的社会主义理论的轮廓，初步回答了我国社会主义建设的阶段、任务、动力、条件、布局和国际环境等基本问题，规划了我们前进的科学轨道。"这是党第一次对中国特色社会主义理论做出的比较系统的概括。

1992年党的十四大报告的题目是"加快改革开放和现代化建设步伐，夺取有中国特色社会主义事业的更大胜利"。报告认为，改革开放取得的伟大成就，"根本原因是在十四年的伟大实践中，坚持把马克思主义基本原理同中国具体实际相结合，逐步形成和发展了建设有中国特色社会主义的理论"。特别强调："这个理论，第一次比较系统地初步回答了在中国这样的经济文化比较落后的国家如何建设社会主义、如何巩固和发展社会主义的一系列基本问题，用新的思想、观点，继承和发展了马克思主义。"报告从发展道路、发展阶段、根本任务、发展动力、外部条件、政治保证、战略步骤、领导力量和依靠力量、祖国统一等九个方面，系统地归纳了建设有中国特色社会主义理论的主要内容和基本观点，初步廓清了这个理论的体系框架。十四大报告高度评价邓小平为创立建设有中国特色社会主义理论做出的重大贡献，第一次将这个理论表述为邓小平建设有中国特色社会主义理论，郑重地提出了用邓小平建设有中国特色社会主义理论武装全党的战略任务。全党对这一社会主义新道路也有了高度一致的认识。

1997年党的十五大报告的题目是"高举邓小平理论伟大旗帜，把建设有中国特色社会主义事业全面推向21世纪"。报告从马克思主义中国化的两次历史性飞跃的角度将中国特色社会主义理论表述为与毛泽东思想相对应的邓小平理论。以邓小平理论是马克思主义在中国发展的新阶段为立论，系统地论述了这个理论开拓了马克思主义的新境界，提高了对社会主义认识的新水平，做出了对当今时代特征和总体国际形势的新判断，形成了新的建设有中国特色社会主义理论的科学体系。这是党的文献中第一次使用中国特色社会主义理论体系的概念。十五大正式将邓小平理论确定为党的指导思想。特别强调："在当代中国，只有把马克思主义同当代中国实践和时代特征结合起来的邓小平理论，而没有别的理论能够解决社会主义的前途和命运问题。"同时指出：这个理论"又是需要从各方面进一步丰富发展的科学体系"。因此，十五大郑重提出："坚持邓小平理论，在实践中继续丰富和创造性地发展这个理论，这是党中央领导集体和全党同志的庄严历史责任。"

2002年，题为"全面建设小康社会，开创中国特色社会主义事业新局面"的党的十六大报告，系统总结了十三届四中全会以来的13年，党中央高举邓小平理论伟大旗帜，领导人民建设中国特色社会主义积累的10条基本经验，全面阐述了"三个代表"重要思想。

指出:"'三个代表'重要思想是对马克思列宁主义、毛泽东思想、邓小平理论的继承和发展,反映了当代世界和中国的发展变化对党和国家工作的新要求。""是坚持和发展社会主义的必然要求,是我们党艰辛探索和伟大实践的必然结论。"

2007年,党的十七大报告题为"高举中国特色社会主义伟大旗帜,为夺取全面建设小康社会新胜利而奋斗",系统阐述了以发展为第一要义,以人为本为核心,全面协调可持续为基本要求,统筹兼顾为根本方法的科学发展观。报告指出:科学发展观,是对党的三代中央领导集体关于发展的重要思想的继承和发展,是马克思主义关于发展的世界观和方法论的集中体现,是同马克思列宁主义、毛泽东思想、邓小平理论和"三个代表"重要思想既一脉相承又与时俱进的科学理论,是我国经济社会发展的重要指导方针,是发展中国特色社会主义必须坚持和贯彻的重大战略思想。在新的发展阶段继续全面建设小康社会、发展中国特色社会主义,必须坚持以邓小平理论和"三个代表"重要思想为指导,深入贯彻落实科学发展观。

2012年,党的十八大报告题为"坚定不移沿着中国特色社会主义道路前进,为全面建成小康社会而奋斗",报告指出:"全面建成小康社会,加快推进社会主义现代化,实现中华民族伟大复兴,必须坚定不移走中国特色社会主义道路。""在改革开放三十多年一以贯之的接力探索中,我们坚定不移高举中国特色社会主义伟大旗帜,既不走封闭僵化的老路、也不走改旗易帜的邪路。中国特色社会主义道路,中国特色社会主义理论体系,中国特色社会主义制度,是党和人民九十多年奋斗、创造、积累的根本成就,必须倍加珍惜、始终坚持、不断发展。"

党的十八大以来，在以习近平同志为核心的党中央坚强领导下，在新中国成立特别是改革开放以来我国发展取得的重大成就的基础上，党和国家事业取得了历史性成就，发生了历史性变革，创立了习近平新时代中国特色社会主义思想，中国特色社会主义进入了新时代。进入新时代，意味着中华民族迎来实现伟大复兴的光明前景，意味着中国特色社会主义的伟大旗帜在世界上高高举起，意味着中国为解决人类问题贡献了中国智慧和中国方案。

一个时代有一个时代的问题，一代人有一代人的使命。党的十九大报告中明确指出"我国社会主要矛盾已经转化为人民日益增长的美好生活需要和不平衡不充分的发展之间的矛盾"的重大论断，同时强调"我国仍处于并将长期处于社会主义初级阶段的基本国情没有变，我国是世界最大发展中国家的国际地位没有变"。这指明了党和国家事业发展所处的时代坐标，为我们认清基本国情，把握新时代赋予的新使命，更好地推进改革开放，提供了根本依据。

我们要坚定不移地按照党的十九大报告的要求，在继续推动发展的基础上，着力解决好发展不平衡不充分的问题，大力提升发展质量和效益，更好地满足人民在经济、政治、文化、社会、生态等方面日益增长的需要，更好地推动人的全面发展、社会的全面进步。

同时，我们仍处于社会主义初级阶段这个最大实际提醒我们，新时代坚持和发展中国特色社会主义，制定政策要有足够的战略清醒和战略定力，任何超越现实、超越阶段而急于求成的倾向都要竭力避免。对社会主义初级阶段的长期性、复杂性，我们宁可估计得更充分一点。

不仅如此，越是在取得成绩的时候，我们越是要有如履薄冰的谨慎，越是要有居安思危的忧患，绝不能犯战略性、颠覆性的错误。

第五节 "小平您好"

党的十二大以后，改革开放逐步推开。从1982年起，中央连续几年发出关于农村问题的"一号文件"，指导改革深入发展。"一大二公"的人民公社体制被废止，乡镇企业异军突起，农村改革取得了巨大成功，为城市改革提供了宝贵经验。1983年邓小平到江苏、浙江调查研究，对实现小康目标、建设小康社会提出了新认识。经济特区既是对外开放的窗口，更是体制改革的试点，短短几年，特区建设突飞猛进，取得了令人震惊的成绩。特区的改革措施，引发了人们的争议，更启发人们的思想。1984年，邓小平用一个月的时间在几个经济特区调查研究，对中国特色社会主义有了新的思考。

1984年5月，根据邓小平的思路，国务院提出"今后在经济工作中，要着重抓好体制改革和对外开放这两件大事"。6月30日，邓小平在会见日本客人时将中国实行的政策概括为："我们内部要继续改革，对外进一步开放"。"改革开放"这个词由此进入我们的社会生活。

1984年10月，党的十二届三中全会通过关于经济体制改革的决定，这个决定"讲了许多老祖宗没有讲过的新话"，体现了邓小平改革与发展的理念和思路。之后，中央又制定了科技体制改革和教育体制改革的两个决定。改革开放从农村到城市、从经济领域到其他各个领域、从局部到整体全方位地展开，成为新时期最鲜明的特征和最基本的实践活动。

1984年，注定成为中国改革开放历史进程中具有里程碑意义的年份，中国的改革开放和现代化建设出现了一个高潮。

随着改革开放的全面发展，在国内各方面呈现出一派蒸蒸日上的局面，城乡居民的收入水平和消费水平明显提高；在国外，我国积极开展外交并越来越得到国际社会的尊重。改革开放是前所未有的决策，有很大风险，在最初的时候谁也不知道这条路能否走通，会通向何方。但到80年代中期，对改革开放的成效，实践已经做出了回答，中国人民普遍感受到了变化和希望，人民的生活正一步步变得美好。全党上下、全国上下，甚至全世界有识之士都对改革开放充满了信心。

1984年10月1日，天安门城楼前举行了盛大的阅兵仪式和群众游行，隆重庆祝中华人民共和国成立35周年。当天，整个广场被幸福和欢乐的氛围所包围。这次国庆阅兵充分体现了新时期以来人民解放军的建设成就和昂扬向上的精神风貌，弘扬了中国的国威、军威。在庆典过程中，人民群众所展现出来的热情和激情，更反映着全国人民对改革开放以来各项政策的真诚拥护和衷心支持。

上午10时，庆典开始。在雄壮的军乐声中，邓小平首先乘坐红旗牌轿车检阅了中国人民解放军的三军将士。邓小平频频向受阅部队挥手致意，不断高呼："同志们好！""同志们辛苦了！"受阅部队也高声回礼道："首长好！""为人民服务！"

检阅三军后，邓小平登上天安门城楼发表讲话。他对中国改革开放的工作重点做了强调。他说："中国共产党第十一届三中全会以来，由于彻底纠正了'四人帮'反革命集团的倒行逆施，恢复和发展了毛泽东同志的实事求是的思想路线，陆续实行了一系列适合新情况的重大政策，全国的面貌更是焕然一新。在全国实现安定团结、民主法制的基础上，我们把进行社会主义现代化建设放在一切工作的首位。我国的经济获得了空前的蓬勃发展，其他工作也都得到了公认的成就。今天，全国人民无不感到兴奋和自豪。""当前的主要任务，是要对妨碍我们前进的现行经济体制进行有系统的改革。同时，要对全国现有的企业进行有计划的技术改造。要大大加强科学技术研究工作，大大加强各级教育工作，以及全体职工和干部的教育工作。全党和全社会都要真正尊重知识，真正发挥知识分子的作用。这样，我们就一定会逐步实现现代化。"此外，他还满怀信心地宣布："党的十二大提出，到2000年，我国的工农业年总产值，要比1980年翻两番。最近几年的情况，表明这个宏伟目标是能够达到的。"

随后，庄严的分列式开始。来自人民解放军陆军、海军、空军和人民武装警察以及首都民兵组成的受阅部队接受了检阅。这次阅兵，深刻反映了党的十一届三中全会以来我军在革命化、现代化、正规化建设上所取得的巨大成就，充分展示了我军武器装备已经提高到一个新水平，生动表现了人民军队优良的军政素质和一往无前的英雄气概。

紧接在受阅部队之后，穿着节日盛装的群众游行队伍，意气风发地走向广场。游行方阵打出了一块块醒目的标语："联产承包好""时间就是金钱，效率就是生命"……展示了改革开放的成就，更表明了人民群众对这一政策的拥护。

这一天，中国人民还给邓小平本人带来了一份特殊的礼物。当队伍经过天安门城楼前，北大学生举起了一条横幅，上书四个大字——

"小平您好"。城楼上的邓小平注意到了这条横幅,他露出了开心和欣慰的笑容。"小平您好",一句最简单的问候却发自肺腑,这也是当时人们共同的心声,这是从来没有过的事情,充分反映出全国人民的喜悦和兴奋之情,表达了中国人民对这位改革开放总设计师的敬意,更表达了人们对这条崭新道路的认可。关于这条横幅的制作,还有一段鲜为人知的趣事。据打出横幅的学生们回忆:大家一开始准备在横幅上写"万岁",但因为有个人崇拜的色彩被否决了。后来又决定写"小平同志您好",在制作过程中却因为贴字的"被单"长度不够,只能改为"小平您好"。横幅制作好后,大家觉得这朴素的四个字反而能反映当时的心情,可谓是妙手偶得。

一位中国作家说:"在我观看国庆庆祝场面时,我忽然看见几位快乐而自豪的青年闪过屏幕,他们高举一条横幅,上面的四个大字简单却动人心魄,那就是'小平您好'。我立即欢呼起来,一股热泪滚下面颊。这是多么平常的问安,却又蕴含着多少曲折丰富的历史。这是一句多么亲热的祝愿,像对挚友、对亲朋、对自己最热爱最熟悉的家人的问候。"

一位外国友人说:"我荣幸地出席了贵国的国庆大典,北大学生打出的'小平您好'给我留下了极深的印象。这一举动在几年前的中国是不可能的,它体现了群众和领袖之间坦率和朋友般的关系,是个人感情的自然流露,表现了人民对邓先生的信任和对改革开放政策的拥护,说明了中国正从'四人帮'时的非民主向民主的方向健康前进。"

回望几年前,邓小平在开始领导改革开放的伟大事业或在尝试为中国寻找一条新的发展道路时,他已是一位年逾古稀的老人。改革开放正是按照他的设计启动并逐步推进、发展起来的。

1984年以后,邓小平带领党和人民认真研究改革开放的每一个步骤,谨慎做出改革开放的每一个重大决策。在他的领导下,全面改革势不可挡,"过五关,斩六将",取得了许多突破性的重大进展,中国经济因此上了一个又一个台阶。在这个进程中,邓小平提出和阐发了许多新的思路、思想和决策,以敏锐的思考完成了对改革开放的总体设计。这些设计初步回答了我国改革开放的国际环境、基本国情、性质、任务、目标、步骤、布局、方法、原则等基本问题,规划了改革开放前进的科学轨道。正因为如此,到20世纪80年代后期,邓小平被公认为改革开放的总设计师。

20世纪80年代末90年代初,国际和国内形势不断地发生变化,引起邓小平的深刻思考,他多次发表重要谈话,对改革开放深入发展继续发挥指导作用。他十分关心上海的发展,提议和支持中央做出开发开放浦东的决定。1992年,他视察南方,发表重要谈话,提出了一系列新的思想观点,系统地表达了他对于改革开放和中国特色社会主义的整体构想,推动改革开放进入了又一个大发展的新阶段。邓小平还深入思考了中国特色社会主义的许多问题,既着眼于推动改革开放的深入发展,又放眼于妥善解决发展起来以后的新问题,提出了一系列全新的思想观点,主要包括:根据世纪之交国内外形势的新发展,阐发了"抓住机遇,加快发展"的战略思想,提出要"又快又好"的发展的新要求;进一步阐述改革开放的伟大意义,提出要坚持党的基本路线100年不动摇;阐明了判断改革开放是非得失的根本标准,为正确认识和始终坚持改革开放的正确方向提供了依据;反复求证"第一生产力"理论，为实现科学发展探索新道路；深入思考和提出如何将社会主义制度与市场经济结合起来的问题；深化对共同富裕问题的认识，探索逐步实现共同富裕的有效途径等。邓小平的晚年思考进一步丰富和完善了他对于改革开放的总体设计。他的这些重大思考，对于引领改革开放的正确方向具有深远的意义。

当邓小平离开这个世界时，他所深爱的祖国和人民已经焕发了新的光彩，发生了前所未有的变化。有人说，他用自己不多的余年，换来了共和国的青春。

2012年12月，党的十八大结束后不久，习近平总书记把他第一次外出调研的地点选择在了广东。在深圳莲花山公园，习近平向伫立在山顶的邓小平铜像敬献花篮，缅怀他为党和人民建立的丰功伟绩。总书记感慨地说："如果没有邓小平同志指导我们党做出改革开放的历史性决策，我们国家要取得今天的发展成就是不可想象的。中国发展的实践证明，当年邓小平同志指导我们党做出改革开放的决策是英明的、正确的，邓小平同志不愧为中国改革开放的总设计师，不愧为中国特色社会主义道路的开创者。"

2014年8月20日，中共中央举办纪念邓小平同志诞辰110周年座谈会。习近平总书记在座谈会上深情地说："邓小平同志为中华民族独立、繁荣、振兴和中国人民解放、自由、幸福奋斗的辉煌人生和伟大贡献，将永远书写在祖国辽阔的大地之上。邓小平同志始终在人民中间，也始终在人民心间。在这里，我们要说：小平您好！祖国和人民永远怀念您！"

一个国家、一个民族要振兴，就必须在历史前进的逻辑中前进，在时代发展的潮流中发展。改革开放这场伟大的社会革命，推动人们从对社会主义的传统观念的束缚中解放出来，极大地激发了理论创新活力；顺应人民要发展、要创新、要美好生活的历史要求，推动人民改变同生产力发展不相适应的生产关系和上层建筑，极大地解放和增强了社会活力，极大地解放和发展了社会生产力；契合了世界各国人民要发展、要合作、要和平生活的时代潮流，使中国共产党和中国人民大踏步地跟上时代前进步伐并引领时代，使中华民族迎来了从站起来、富起来到强起来的伟大飞跃。

改革开放的新时代乐章正响彻中华大地。让我们定心回望当年邓小平是以什么样的精神和方法来推进改革开放的，从中得到激励，受到启发，在以习近平同志为核心的党中央坚强领导下，向着"两个一百年"奋斗目标和中华民族伟大复兴的中国梦，砥砺前行，把改革开放和中国特色社会主义事业继续推向前进。

在国庆 35 周年庆典上，战略火箭部队通过天安门广场

1987 年 7 月，邓小平会见中青年科技专家

邓小平参加植树活动

邓小平为北京正负电子对撞机国家实验室工程奠基

图书在版编目（CIP）数据

邓小平在江西日子里的思考/小平小道陈列馆编；刘金田，李菁，刘贵军著．--南昌：江西高校出版社，2021.2（2022.5重印）
ISBN 978-7-5762-0924-2

Ⅰ.①邓… Ⅱ.①小…②刘…③李…④刘… Ⅲ.①邓小平（1904—1997）—生平事迹 Ⅳ.① A762

中国版本图书馆 CIP 数据核字 (2021) 第 036057 号

邓小平在江西日子里的思考
DENG XIAOPING ZAI JIANGXI RIZI LI DE SIKAO

出 版 发 行	江西高校出版社
社　　　址	江西省南昌市洪都北大道 96 号
总编室电话	0791-88504319
销 售 电 话	0791-87919722
网　　　址	www.juacp.com
印　　　刷	三河市明华印务有限公司
经　　　销	全国新华书店
开　　　本	700mm×1000mm　1/16
印　　　张	19.25
字　　　数	200 千字
版　　　次	2021 年 2 月第 1 版
印　　　次	2022 年 5 月第 3 次印刷
书　　　号	ISBN 978-7-5762-0924-2
定　　　价	68.00 元

赣版权登字 -07-2021-239
版权所有　侵权必究